Pierre Ferrière
Isabelle Meeûs-Michiels



# Doch, es gibt eine andere Wirklichkeit

## Meditieren mit Etty Hillesum

Verlag Neue Stadt
München · Zürich · Wien

Titel der französischen Originalausgabe:
*Prier 15 jours avec Etty Hillesum,*


Übertragung ins Deutsche: Stefan Liesenfeld

Klimaneutral gedruckt. Weil jeder Beitrag zählt.

MIX
Papier
FSC® C083411

CPI klimaneutral
Mehr Bäume. Weniger $CO_2$

Neuausgabe 2018

Umschlagabbildung: Teresa Schmidt
Gestaltung und Satz: Neue-Stadt-Grafik
Druck: CPI – Clausen & Bosse, Leck
ISBN 978-3-7346-1153-7

www.neuestadt.com

„Jemand, den die Liebe zu seiner Vollendung führt,
muss gewaltige Weiten durchqueren,
über Gipfel und Abgründe muss er;
bei Unwettern wird er seinen Weg suchen,
um eingeweiht zu werden in sein Geheimnis:
dass man Ja sagen muss zur endlosen Wüste,
dass man pausenlos gehen muss durch dürres Land,
dass man sich schinden muss
auf dem Grat von Bergen und auf Gipfeln;
dass man wilden Gebirgsbächen trotzen muss
und bodenlosen Abgründen,
um die LIEBE zu gewinnen
durch eine Liebe ohne Maß."

Hadewijch von Anvers, 13. Jahrhundert

„Etwas Geheimnisvolles liegt in der Geschichte dieser jungen Niederländerin, die 1943 in Auschwitz starb: Sie zeigt, wie Gott in ein völlig ungeordnetes Leben eintreten und es verwandeln, wie er jede noch so düstere und ausweglose Situation erhellen kann. – Etty, ein junger Mensch ohne Glauben, ohne religiöse Basis, schildert bestechend klar ihren Weg, ihr inneres Chaos, ihre Verliebtheit in ihren Therapeuten ... – und wie ihr ein Sinn für Gott geschenkt wird. Unwiderstehlich wird sie von diesem Geheimnis angezogen. Die letzten Monate ihres Lebens verbringt sie in einer solchen Intimität und Vertrautheit mit Gott, dass sie selbst die Judenverfolgung der Nazis mit innerer Ruhe beschreiben und, ohne zu verbittern, das Unglaubliche sagen kann: dass wir die lieben müssen, die uns Böses antun."

Carlo Maria Martini über Etty Hillesum

# Inhalt

# Lebensstationen und innerer Weg

## BIOGRAFISCHE NOTIZEN

Ester (Etty) wurde am 15. Januar 1914 in Middelburg/Niederlande in eine nicht praktizierende jüdische Familie hineingeboren. Ihr Vater, Louis Hillesum, war Lehrer für Alte Sprachen, später Gymnasialdirektor; die Mutter, Rebecca (Riva) Bernstein war mit ihrer Familie aus Russland emigriert. Etty hatte zwei jüngere Geschwister, Jacob (Jaap), der später Arzt wurde, und Michaël (Mischa), ein genialer Pianist, aber psychisch instabil; er litt unter schizophrenen Störungen.

1932 nahm Etty in Amsterdam das Studium der Rechtswissenschaft auf; später bezog sie dort zusammen mit ihren Brüdern eine Wohnung. Die politischen Entwicklungen verhießen nichts Gutes. 1933 wurde Hitler deutscher Reichskanzler, die Errichtung erster Konzentrationslager ließ nicht lange auf sich warten …

Neben ihren juristischen Studien vertiefte sich Etty ins Russische, die Sprache ihrer Mutter: Sie verstand es perfekt und gab einigen Schülern Privatunterricht. Gegen Ende ihrer Studienzeit, im Jahr 1937, zog Etty in das Anwesen von Han Wegerif, einem verwitweten nichtjüdischen Buchhalter, dessen Gefährtin sie wurde. Im Juli 1939 legte sie ihr Juraexamen ab.

Die politische Entwicklung wurde immer bedrängender. Am 10. Mai 1940 fielen deutsche Soldaten in die Niederlande ein. Die Naziherrschaft wirkte sich allmählich auch auf Ettys Leben aus und war auf bedrückende Weise allenthalben spürbar.

Bereits am 29. November 1940 wurde ihr Vater wegen seiner jüdischen Abstammung aus seiner Stellung als Gymnasialdirektor entlassen. Anfang 1941 zwang der Stadtkommissar von Amsterdam die jüdischen Honoratioren, einen „Judenrat" zu bilden, der seine Anordnungen unter den Juden bekanntzumachen hatte.

Äußerlich war Ettys Leben von diesen Entwicklungen zunächst nicht allzusehr betroffen, wohl aber schlugen sich die Erschütterungen in ihrer inneren und physischen Befindlichkeit nieder. Um etwas dagegen zu unternehmen, konsultierte sie einen Psycho-Chirologen namens Julius Spier, einen 1887 geborenen deutschen Juden. 1939 hatte er aus Berlin fliehen müssen und in Amsterdam Zuflucht gefunden. Am 3. Februar 1941 suchte Etty ihn erstmals auf. Der Kontakt mit Spier half ihr langsam, aber sicher aus der Talsohle herauszukommen.

Es war Spier, der sie zum Schreiben ermutigte , um die Gefühlsschwankungen zu „besänftigen". Im Verlauf der Therapie wuchs zwischen ihnen eine tiefe Zuneigung, die sie beide voller Leidenschaft lebten und als eine große „Herausforderung“, als „enorme Aufgabe“ verstanden. Etty hat nicht zuletzt dadurch zu ihrer einzigartigen Persönlichkeit gefunden. Die Beziehung mit Spier war ebenso vielschichtig wie schön, um es mit diesem einfachen Wort zu sagen; sie bestand bis zu Spiers Tod am 15. September 1942. Ettys Tagebucheinträge, die am 8. März 1941 beginnen, erscheinen anfangs wie eine einfache Wiedergabe der Sprechstunden bei Spier.

An demselben Tag, an dem Etty sich darangibt zu schreiben, begreift sie sich zum ersten Mal als Jüdin. Die Lage der Juden war überaus prekär; es kursierten Gerüchte einer planmäßigen Judenvernichtung in ganz Europa; man sprach von Deportationszügen in Richtung Vernichtungslager … Seit Mai/Juni des Jahres 1942 wurden die antisemitischen „Nürnberger Gesetze“ in den Niederlanden rigoros umgesetzt. Der Judenrat wurde kurz darauf über die bevorstehenden Deportationen informiert. Das Lager Westerbork im Nordosten des Landes wurde zu einem „Durchgangslager“; dort fuhren die Deportationszüge ab …

Im Juli 1942 bewarb sich Etty auf Drängen ihres Bruders Jaap brieflich um Aufnahme in den Judenrat. Kaum hatte sie diese Aufgabe übernommen, beantragte sie die Versetzung nach Westerbork. Dort absolvierte sie vier Arbeitseinsätze, unterbrochen durch vorübergehende, aufgrund einer tiefen Erschöpfung notwendige Aufenthalte in Amsterdam. Während ihres letzten Einsatzes in Westerbork wurde ihr dieses unheilvolle Lager als „Aufenthaltsort“ zugewiesen – nicht mehr in der Funktion einer Art Sozialarbeiterin für die verstörten, ihres düsteren Schicksals harrenden Menschen, sondern in der Erwartung ihrer eigenen Deportation.

Ihre Bemühungen, zumindest ihren Eltern und ihrem Bruder Mischa, die ebenfalls in Westerbork interniert waren, dieses Schicksal zu ersparen, waren vergeblich. Etty, Mischa und ihre Eltern wurden am 7. September in einen Deportationskonvoi „verladen“, zusammen mit 983 weiteren Personen, von denen nur acht überlebten. An jenem 7. September hat Etty Hillesum ihre letzte Karte durch einen Schlitz im Waggon auf das Schotterbett geworfen. Am 30. November 1943 starb sie in Auschwitz. Binnen weniger Monate erlitt ihre gesamte Familie dasselbe Schicksal, auch Jaap blieb nicht verschont.

In Westerbork hatte Etty weiter Tagebuch geschrieben. Hastig steckte sie die letzten Aufzeichnungen in den Beutel, den sie im Zug mitnehmen konnte. Diese Notizen sind unwiederbringlich verlorengegangen. Die zuvor geschriebenen Hefte hatte sie am 5. Juni einer Freundin übergeben können, unmittelbar vor ihrem letzten Aufbruch nach Westerbork. Auf verschlungenen Wegen sind sie nach Jahrzehnten ans Licht der Öffentlichkeit gelangt. Das letzte Heft endet mit dem Eintrag vom 13. Oktober 1942; aus der Zeit danach bis zu ihrer Deportation nach Auschwitz haben wir eine Reihe von Briefen, die Etty an verschiedene Leute, mit denen sie seit den Aufenthalten in Westerbork befreundet war, geschrieben hat.

Dies sind, grob skizziert, die äußeren Eckpunkte ihres Lebens. Im Folgenden werden wir versuchen, Einblick zu gewinnen in innere Entwicklungen, in das, was Etty Hillesum bewegte, und uns mitnehmen lassen ins Gespräch mit jenem geheimnisvollen Gott, der im Buch der Weisheit „Freund des Lebens" genannt wird (vgl. 11,26).

## EIN EINZIGARTIGER INNERER WEG

Meditieren mit Etty Hillesum, dies mag manchen ein wenig gewagt erscheinen, war sie doch keine Christin. Aber ihr spiritueller Weg ist so bemerkenswert, ja überwältigend, dass es mehr als gerechtfertigt ist, sich von ihr inspirieren zu lassen. Von einem anfänglich ganz vagen, kaum bewussten religiösen Empfinden fand sie zu einem Leben in der fast ununterbrochenen Präsenz Gottes: „Es ist, als hätte sich etwas in mir einem beständigen Gebet überlassen: ‚Es betet in mir', selbst wenn ich lache oder scherze."

Aufgrund der Originalität ihrer Erfahrung und ihrer einzigartigen Weise, darüber zu sprechen und davon Zeugnis zu geben, hat man Etty Hillesum als „nicht klassifizierbar" bezeichnet. Es wurde gesagt, in ihren Texten scheine der Name Gottes „aller Tradition beraubt". Doch auch wenn ihr innerer Werdegang wie ein persönlicher Sonderweg erscheint, auch wenn sie sich nie einer Kirche oder einem religiösen Bekenntnis angeschlossen hat, so heißt das nicht, dass sie sich unbeeinflusst von religiösen Traditionen entwickelt hätte. Sie war Jüdin, das Enkelkind eines Großrabbiners, und auch wenn sie offenbar kaum in der Religion ihrer Väter erzogen worden ist, so wurde sie sich doch ihres Judentums sehr bewusst; für sie war es ein fester Bezugspunkt. Gerade das hat sie ja bewogen, sich ihrem Volk tief verbunden zu fühlen und sein Leid zu teilen.

Zudem war Etty in Kontakt mit christlichen Freunden; sie las große christliche Autoren wie Augustinus, Dostojewski u. a. Die Bibel hatte sie stets zur Hand und im Herzen, regelmäßig las sie darin, sie zitierte öfter Worte aus dem Ersten wie dem Neuen Testament. Was anfänglich Neugierde oder Sympathie für dieses christliche Erbe gewesen sein wird, wurde mit der Zeit zu einer tiefen Nähe. Doch darf daraus keineswegs abgeleitet werden, dass sie sich den christlichen Glauben zu eigen gemacht hätte.

Generell sollte man sich davor hüten, Ettys Zeugnis in irgendeiner Weise zu vereinnahmen. So sehr es der historischen Wahrheit und ihrem eigenen Bekunden entspricht, dass sie eine Beziehung zu jüdischen und christlichen Traditionen hatte, so ist gleichzeitig ihre Unabhängigkeit gegenüber jeder religiösen Institution, ob Kirche oder Synagoge, hervorzuheben. Nicht zuletzt diese Unabhängigkeit ist typisch für ihren überraschenden, unkonventionellen inneren Weg. Auch alle Spekulationen, „was wohl aus Etty geworden wäre, wenn sie die Schoah überlebt hätte", verbieten sich: Sie gehören ins Reich der Fabeln.

Vielleicht ist es dieser innere Weg, diese „spirituelle Initiation" an den Rändern der großen Traditionen, die sie vielen unserer Zeitgenossen so nahe sein lässt. Denn viele Menschen leben heute ihr inneres Suchen in respektvoller Distanz zu den „etablierten" Religionen.

Als Etty am 5. Juni 1943 Amsterdam für immer in Richtung Westerbork verließ – ohne Rückfahrkarte sozusagen –, war unter ihren persönlichen Habseligkeiten eine Korbtasche mit dem Koran und dem Talmud … Als sie am 7. September 1943 den Waggon Nr. 12 des Todeszugs Richtung

Auschwitz bestieg, war in dem eilig gepackten Beutel eine Bibel …

„Mach den Raum deines Zeltes weit, spann deine Zelttücher aus, ohne zu sparen. Mach die Stricke lang und die Pflöcke fest", heißt es beim Propheten Jesaja (54,2). Ettys Leben ist ein leuchtendes Beispiel für ein solches „Weitwerden" *und* „Sich-Festmachen".

## WEGWEISENDE IMPULSE

Etty Hillesum hätte wohl nur schmunzeln können bei der Vorstellung, einmal zu einer Art „geistlicher Wegbegleiterin" zu werden, die einführt ins Gespräch mit Gott. Gewiss, von ihren Gebetsworten können wir viel lernen. Viele Stellen ihrer Aufzeichnungen verdienten, in eine Anthologie aufgenommen zu werden: Es gibt Texte von atemberaubender Schönheit und einem herzerweiternden großen Atem … Auf einige solcher Stellen werden wir eingehen. Doch zunächst einige Hinweise zu einer sehr grundsätzlichen Frage, die bei der Lektüre ihrer Aufzeichnungen wach wird: Wo beginnt und wo endet eigentlich Ettys Beten?

Wenn Etty sagt, sie wolle in aller Einfachheit verfügbar sein und selbst der „Kampfplatz" sein, wo die Fragen und Nöte ihrer Zeit zum Frieden finden, betet sie da?

Wenn sie dem „ewigen Mond“ ausgefallene Reden hält, wenn sie mehr schlecht als recht versucht, irgendwie ihr inneres Auf und Ab zu bestehen, betet sie da?

Wenn Etty sich dem Risiko aussetzt, den verwirrenden, bedrängenden Fragen, die sie manchmal überkommen, *nicht* auszuweichen; wenn sie wagt, mit einem zum engen Freund gewordenen Mann die „erfüllende“ Freude über eine innige Beziehung zu genießen, ist das auch eine Form ihrer Gottesbeziehung? Betet sie da?

Wenn sie inmitten des Ratterns der Schreibmaschinen im Schreibsaal kurzzeitig alles um sich herum vergisst, um sich zu sammeln, betet sie da?

Wenn sie sich daranmacht, die Worte festzuhalten, die eine hochschwangere Frau unmittelbar vor der Deportation mit leiser, müder Stimme ausspricht, betet sie da?

Verfügbar sein, suchen, wie man leben soll, sich aussetzen, sich entziehen, da sein … – ist das Beten? Und weiter: weinen, sich freuen, zweifeln, tanzen, warten, singen, kämpfen, atmen, schreiben, geboren werden … – ist das Beten?

Eines Tages wurde Etty von einem unwiderstehlichen Impuls erfasst, der sie selbst überrascht hat: Spontan kniet sie nieder auf dem Sisalteppich im Bad, das Gesicht zwischen ihren Händen. Sie durchlebt eine innige Erfahrung, von der zu sprechen sie sich scheut. Das Wort „Gebet" wirkt allzu blass und fad, um diese Geste des Niederkniens zu beschreiben; der bloße Gedanke an diesen Moment rührt „an das Intimste des Intimsten", das ein Mensch erleben kann, wie sie sagt (NG 334). Ja, gibt es eigentlich etwas „so Intimes, etwas so Inniges wie die Beziehung eines Menschens mit Gott"?

„Das Intimste des Intimsten", diese Formulierung mit doppeltem Superlativ ist Ettys Versuch, das durch eine unbeschreibliche Erfahrung „geheiligte" Herz sprachlich zu fassen. Zögernd und mit aller Vorsicht lässt sie diesen Moment anklingen, in der Furcht, die unzulänglichen Worte könnten ihn seiner Schönheit berauben.

Man ahnt, dass es bei einem „Weg mit Etty Hillesum", den wir in diesem Buch gehen wollen, um alles andere geht als um bekannte, vielleicht gar abgedroschene Gebetsformeln. Da gibt es weder glattgeschliffene noch gekünstelte Formulierungen. Der Weg mit ihr ist auch keine fromme Wallfahrt, deren Etappen im Vorhinein festgelegt sind. Mit Etty einen Weg der Meditation und des Gebetes gehen, das ist ein Abenteuer: Es ist verbunden mit der womöglich irritierenden Einladung, all das, was wir sind und was unser Leben ausmacht, jener „intimen Präsenz" hinzuhalten. Gott soll von nichts ausgeschlossen werden, was wir sind und was uns widerfährt. Wundern wir uns nicht, dass der hier vorgeschlagene Weg unterschiedlichste Themen berührt, von der Beziehung zu unserer Familie über die zu unserem Körper bis hin zum Umgang mit dem Tod … Denn sosehr Beten auch beinhaltet, freie Zeiten und geeignete Orte zu finden, um in sich hineinzuhören und Gott „von Herz zu Herz“ zu begegnen, so bedeutet es ebenso, in einer inneren Disposition zu leben und zu bleiben, die es ermöglicht, dass das göttliche Geheimnis das gesamte Leben erfasst. Früher sprach man davon, dass man seine Gebete „verrichte“; Ettys Leben sagt uns, dass es darum geht, selber ein lebendiges Gebet zu *werden*. Wo immer wir persönlich gerade stehen, Etty Hillesum würde uns sagen:

„Ist es nicht wahr,
dass wir überall beten können,
in einer Baracke aus Brettern ebenso gut
wie in einem beschaulichen Kloster,
und generell an jedem Ort der Erde,
wo Gott in diesen düsteren Zeiten
seine Geschöpfe hingestellt hat?“ (VB 263).

Beginnen wir den Weg mit dieser jungen Frau, wissend, dass es keine gewöhnliche Meditation sein wird …

# Meditationen zu Texten von Etty Hillesum

# I – Ich mit meiner „verstopften Seele“

„Da saß ich nun bei ihm [bei Julius Spier] mit meiner ‚verstopften Seele‘. Er sollte Ordnung in das innere Chaos bringen, die Leitung über die in mir wirkenden widersprüchlichen inneren Kräfte übernehmen. Er nahm mich sozusagen an die Hand und sagte: Schau her, so musst du leben! – Mein Leben lang hatte ich den Wunsch: Käme doch nur jemand, der mich an die Hand nähme und sich mit mir befasste; ich scheine tüchtig zu sein und mache alles allein, aber ich würde mich so schrecklich gern ausliefern! Und da kam nun dieser wildfremde Herr S. mit seinem komplizierten Gesicht und widmete sich mir; schon in einer Woche hatte er Wunder bei mir bewirkt. Gymnastik, Atemübungen, erhellende, erlösende Worte über meine Depressionen, mein Verhältnis zu anderen usw. Und ich lebte plötzlich anders, befreiter, flüssiger, das Gefühl der Verstopfung verschwand, im Inneren stellte sich eine gewisse Ordnung und Ruhe ein, vorläufig alles noch unter dem Einfluss seiner magischen Persönlichkeit, aber es wird sicher bald auch in der Psyche greifen und zu einem bewussten Akt werden“ (VB 12f, vgl. DDH 16).

So schildert Etty die Ausgangslage ihres Wegs der „Wiederherstellung“ und der Erweckung zu einem neuen Leben. Es war ein erstaunlich schnell durcheilter Weg, auf dem sie mit großen Schritten vorankam. Keine drei Jahre liegen zwischen der ersten Sitzung bei Julius Spier, den sie in ihren Aufzeichnungen einfach nur „Herr S." nennt, und jenem 30. November 1943, an dem sie nach einer Mitteilung des Roten Kreuzes im Vernichtungslager Auschwitz starb.

Auch wenn es Etty weder an Sensibilität noch an Intelligenz mangelte, so deutete doch erst einmal nichts auf die gewaltige, nachhaltige Veränderung hin, die sie erfahren hat. Sie selbst schrieb: „Bei vielen Problemen des Lebens mache ich einen sehr überlegenen Eindruck, und dennoch: Ganz tief in mir steckt ein geballter Kloß, irgendetwas hält mich fest im Griff, sodass ich manchmal trotz allen klaren Denkens nur ein ängstlicher armer Schlucker bin" (DDH 13). Dies ist der Ausgangspunkt; hier beginnen ihre Tagebuchnotizen. Etty ist damals 27 Jahre alt.

Mal wurde sie „Don Quichotte im Unterrock" genannt (von ihrem Vater!), mal mit einer „russischen Carmen" verglichen (von einem Schweizer auf der Durchreise); auch als „junge, wilde Kirghisin" hat man sie bezeichnet. Die lebendige, begabte junge Frau war psychisch nicht sehr stabil und litt unter häufig wiederkehrenden depressiven Phasen. An Beziehungen fehlte es ihr keineswegs, doch sie lebte diese sehr chaotisch und hatte so manche Liaison. Das Verhältnis zu ihren

Eltern war reichlich stürmisch ... Diese Unordnung, in der sich die eine oder der andere ein wenig wiederfinden mag (bei wem wäre schon alles „ruhig und geordnet“?), lässt an die erste Seite der Bibel denken, an den ersten Schöpfungsbericht: Gottes Pläne nehmen Gestalt an auf dem Hintergrund eines großen Chaos, biblisch „Tohuwabohu“ – ein Wort übrigens, das in viele Sprachen Eingang gefunden hat ... Ein regelrechtes Tohuwabohu ist die Ausgangsbasis für Gottes schöpferisches Wirken – bis heute. Chaotisch präsentiert sich unsere Welt, chaotisch sind manche Aspekte der Kultur, in die wir eingetaucht sind, chaotisch ist oft genug auch unsere eigene Lebensgeschichte, und genau dies kann zum Ausgangspunkt für Gottes Wirken hier und heute werden.

In der Schöpfungsgeschichte heißt es, Gott habe ein Werk der Trennung vollbracht, der Scheidung von Licht und Finsternis. Arbeitet er nicht ähnlich jene Persönlichkeit heraus, die ein jeder Mensch werden soll? Schon die Geburt ist eine erste Trennung von der Mutter, und dann beginnt ein lebenslanger Prozess, in dem allmählich die eigene Persönlichkeit an Kontur gewinnt. Aus Chaos und Schlamm holt der Schöpfergott uns heraus und erweckt uns – nicht ohne unsere Mitwirkung – geduldig zum Leben, zu unserem Leben.

Etty öffnet sich mit all ihrem Chaos einem gewissen Julius Spier. „Da saß ich nun bei ihm“: Es ist die erste Begegnung mit diesem Autodidakten der Psychochirologie, der bei Carl Gustav Jung psychotherapeutisch ausgebildet worden war. Er war ein Vertreter der „Handlesekunst" (Chirologie); in den Handlinien sah er so etwas wie ein zweites Gesicht eines Menschen. Spier wollte seinen Klienten helfen, wieder in Einklang mit sich selbst zu kommen. In seiner deutschen Heimat hatte er sich einen gewissen Namen als Therapeut erworben; als Jude war er vor den Nazis nach Amsterdam geflohen. Die Begegnung mit diesem inzwischen 55-jährigen Therapeuten war für Etty nicht „irgendeine" der zahlreichen Bekanntschaften in ihrem Leben. Es war für sie „die" Begegnung, ein bahnbrechendes Ereignis; die Entwicklung ihrer Verbindung mit Spier hat ihren weiteren Weg und ihre schriftliche Hinterlassenschaft maßgeblich bestimmt.

Sie selbst hat ihn einmal treffend als „Geburtshelfer ihrer Seele" bezeichnet. Durch die Beziehung zu ihm fand sie eine neue Freiheit – und in dieser neu gewonnenen Freiheit konnte sie sich auch ihrer Quelle öffnen: jenem geheimnisvollen Gott, dessen Nähe sie immer mehr spürte. Gewiss, ihre Beziehung mit Spier war – wie alles Menschliche, ja selbst die schönsten Dinge machen da keine Ausnahme – nicht frei von Unklarheiten, ja auch gewissen Irrungen. Aus einem therapeutischen Verhältnis wurde sehr rasch eine affektive, leidenschaftliche Beziehung, die auch Momente von Eifersucht kennt. Aber zu keinem

Zeitpunkt erschöpft sich ihre Beziehung in ihren auch vorhandenen negativen Aspekten. Als Spier unerwartet schnell starb, war das keineswegs das Ende ihrer Verbindung. Sein Tod bestärkte Etty vielmehr in dem, was zu leben sie schon begonnen hatte: ein Erwachen, ein Kommen zu sich selbst, zu den anderen und zu Gott – und dies alles in einer einzigen Bewegung, die sich nicht auseinanderdividieren lässt.

Schon bei der ersten Begegnung mit Spier fand Etty innerlich ein wenig Frieden und Ordnung. Für sie ist es etwas „Magisches“, was da passiert. Vertrauensvoll lässt sie sich darauf ein, will aber zur Akteurin dieser unerwartet beginnenden Wandlung werden: „Es wird sicher bald auch in der Psyche greifen und zu einem bewussten Akt werden.“

Beziehungen zu anderen Menschen können wie eine geheimnisvolle Alchimie wirken. Etty hatte geschrieben: „Ich scheine tüchtig zu sein und mache alles allein, aber ich würde mich so schrecklich gern ausliefern.“

Sich selbst im Griff haben und gleichzeitig die Sehnsucht verspüren, sich auszuliefern – wie passt das zusammen? Wie soll man diesen „zweieinen“ Wunsch, der so widersprüchlich scheint, realisieren? Wie soll man beides leben, ohne wie ein Pendel hin und her zu schwanken, ohne von einem Extrem ins andere zu fallen, ohne von den

Gefühlsschwankungen eines unsteten Herzens mal hierhin, mal dorthin getrieben zu werden?

Wenn Etty sich *nur* ausgeliefert hätte, wenn sie sich ausschließlich Spier und seinem Einfluss auf ihre Persönlichkeit überlassen hätte, so hätte sie sich in der Beziehung mit ihm ihrer selbst entfremdet. Nun hat Etty aber weder ihre Freiheit noch diese Beziehung jemals geopfert. Sie ist in dieser Beziehung als Persönlichkeit *gewachsen.* Mehr noch: Sie merkt, wie sie mit Spiers Hilfe einen Weg beschreitet, auf dem sie sich jemandem zu öffnen und auszuliefern beginnt, den sie allmählich „Gott" zu nennen wagt. Die Schönheit ihrer Verbindung mit Spier in aller Härte des Alltags hängt mit diesem inneren Weg eng zusammen.

## ZUR REFLEXION

Ihr Unbehagen angesichts ihres inneren Chaos hat bei Etty Hillesum einen Prozess in Gang gebracht. Das kann ein Anstoß sein, einmal uns selbst zu fragen, womit *wir* unzufrieden sind, was *uns* unruhig macht, ob es auch in unserem Leben so etwas wie ein *Tohuwabohu* gibt.

Kann ich meine Fehler und Schwachpunkte, mein Chaos, meine Schwankungen annehmen als Einladung, diese Punkte anzugehen und an mir zu arbeiten? Mein inneres Durcheinander und meine Blockaden können mich bedrücken, sie können mir aber auch ein Anstoß sein, mich aufzumachen und etwas zu tun. Kann ich mich darauf einlassen? Stelle ich eventuell fest, dass ich jemand suchen sollte, der mich auf diesem Weg begleitet?

Ja zu mir sagen in all meiner Widersprüchlichkeit und angesichts der Feststellung, dass widersprüchliche Kräfte in mir am Werk sind, das verlangt Mut. Etty hat sich ihrer eigenen Befindlichkeit gestellt. Ihr Zeugnis weckt Zuversicht: Wer sich auf einen solchen Weg macht, bleibt nicht allein.

## II – Eine stille Stunde

„Ich glaube, dass ich das tun sollte: morgens vor Beginn der Arbeit eine halbe Stunde lang ‚mich nach innen wenden', horchen nach dem, was in mir ist. ‚Sich versenken.' Man kann es auch als Meditieren bezeichnen. Aber vor dem Wort graut es mir noch ein bisschen. Aber warum eigentlich nicht? Eine halbe Stunde mit mir selbst allein. Es genügt nicht, morgens im Badezimmer nur Arme, Beine und alle andern Muskeln zu bewegen. Der Mensch besteht aus Körper und Geist. Und eine halbe Stunde Gymnastik und eine halbe Stunde ‚Meditation' können zusammen ein solides Fundament für die Konzentriertheit eines ganzen Tages bilden. Nur ist das nicht so einfach, so eine ‚stille Stunde'. Das will gelernt sein" (VB 35, DDH 35).

Etty beschließt, das oberflächliche Leben und dieses ständige Sich-im-Kreis-Drehen hinter sich zu lassen. Sie bemerkt, dass sie so vom Alltag in Beschlag genommen ist, dass ihr in ihrer Unruhe alles verschwimmt und sie nicht mehr zu sich selber findet. Doch wie ein Spielball hin und her geworfen zu sein … – ist das eigentlich noch Leben? Sie will dorthin, wo sie wirklich „zu Hause" ist, und setzt sich klare Prioritäten: „Morgens vor Beginn der Arbeit eine halbe Stunde lang ‚mich nach innen wenden', horchen nach dem, was in mir ist. ‚Sich versenken.' Man kann es auch als Meditieren bezeichnen."

„Meditieren", das Wort klingt in ihren Ohren noch fremd. Aber sie ist fest entschlossen, es zu versuchen, sich nach innen zu wenden, in sich selbst hineinzuhorchen.

Doch was bedeutet eigentlich dieses „Selbst"? Wie soll man „zu sich selbst" kommen? Etty blendet keine Dimension ihres Wesens aus: weder den Körper noch das Herz und das, was sie bewegt. Sie wendet sich dem Dschungel psychischer Regungen zu, in dem man sich so oft verliert und der im gängigen Sprachgebrauch mit so vieldeutigen Begriffen wie „Seele" oder „Geist" bezeichnet wird.

„Der Gott des Friedens heilige euch ganz und gar und bewahre euren Geist, eure Seele und euren Leib unversehrt, damit ihr ohne Tadel seid, wenn Jesus Christus, unser Herr kommt" (1 Thess 5,23), schrieb der Apostel Paulus im Jahr 51 n. Chr. Ausdrücklich erwähnt er Geist, Seele und Leib: eine Einladung, keine Dimension unseres Wesens auszulassen!

Wie hätte Etty auch ihren „Körper" vergessen können? Er macht sich immer wieder präsent. Etty stellt fest: „Früher dachte ich, die körperlichen Probleme wie Kopfweh, Magenschmerzen, rheumatische Schmerzen wären eine rein physische Angelegenheit. Heute muss ich feststellen, dass sie nicht zuletzt psychisch bedingt sind. Körper und Seele sind bei mir ganz eng verbunden. Wenn bei mir psychisch oder spirituell etwas nicht stimmt, wirkt sich das ebenso auch physisch aus" (NG 128).

Sie merkt allmählich, dass ihre Probleme nicht nur physische Ursachen haben: Vieles ist psychosomatischer Natur. Um der engen Verwobenheit von Leib und Seele Rechnung zu tragen, macht sie jeden Morgen im Bad erst einmal eine halbe Stunde Gymnastik, bevor sie dann eine weitere halbe Stunde meditiert. Es ist ihre „stille Stunde", die, so schreibt sie, „gelernt sein will".

Ettys „Geist" und „Seele" sind von vielerlei Gefühlen beherrscht; sie ringt damit und droht zu ertrinken in diesem mächtigen Strudel von Affekten, der auch die Gedanken hinunterziehen kann. Im Einzelnen spricht Etty von Träumereien, von großartigen Gedanken, von blitzschnellen Intuitionen, von Orgien inneren Lebens … Es ist wie ein seelisch-geistiger Mahlstrom, ein gefährlicher Gezeitenstrom voller Strudel, der sie mitreißt und aller Orientierung beraubt, ein Ozean, der sie jederzeit verschlingen könnte. Darum nimmt sie sich jeden Morgen eine Stunde Zeit für einen „inneren Großputz". Langsam, aber sicher gelingt es ihr, die „verstopfte Seele" zu befreien und wieder Klarheit zu gewinnen. Erst müssen sich die Dinge absetzen, die ihre Seele trüben – wie beim Dekantieren eines guten alten Bordeaux …

Auch wir werden manches Mal von einem Gefühlswirrwarr überrollt; gestresst, wie wir häufig sind, merken wir nicht, wie wir den Halt verlieren. Oder denken wir an die Informationsflut, die geradezu über uns hereinbricht. Mehr denn je verspüren wir heute das vitale Bedürfnis, immer wieder Distanz zu all diesen Eindrücken und Emotionen zu suchen, Abstand zu gewinnen, loszulassen und zu entspannen.

Etty schafft es dank ihrer „Aufräumaktion" mit der Zeit, den „Schutt" wegzuräumen, der sie innerlich blockiert und ihr „die Seele verstopft". Sie hat dabei den Eindruck, am Rand „eines tiefen Brunnens" zu stehen, für den sie den Namen „Gott" wählt (VB 55).

Über ihre Erfahrung schreibt sie: „Nur ist das nicht so einfach, so eine ‚stille Stunde'. Das will gelernt sein ... Der Zweck des Meditierens sollte sein: dass man sich innerlich zu einer großen Ebene ausweitet, ohne all das heimtückische Gestrüpp, das die Aussicht behindert. Dass etwas von ‚Gott' in einem erwächst, wie auch in der Neunten von Beethoven etwas von ‚Gott' enthalten ist. Dass auch eine Art ‚Liebe' entsteht, keine Luxus-Liebe von einer halben Stunde, in der es sich voller Stolz auf die eigenen erhabenen Gefühle herrlich schwelgen lässt, sondern eine Liebe, mit der man in der kleinen alltäglichen Praxis etwas anfangen kann" (VB 36, DDH 35f). Hätte Etty, so könnte jemand fragen, sich nicht einfach in die Bibel hineinvertiefen können, die sie durch Spier kennen- und schätzen gelernt hatte? Mit feinem Gespür nimmt sie wahr, dass dieser Augenblick für sie noch nicht gekommen ist; sie wäre Gefahr gelaufen, die Bibellektüre noch zu „verkopft“ anzugehen.

Sie hat sich in diesem langsamen Prozess der inneren Erneuerung weder durch hin und wieder aufkommende Lustlosigkeit noch durch körperliche Schmerzen aufhalten lassen. Durch alle nie ganz überwundenen Schwierigkeiten und Rückschläge hindurch hat Gott in ihr gewirkt.

## ZUR REFLEXION

Sich nach innen zu wenden, das war für Etty Hillesum ein bewusster „Entschluss“ – mit allem, was dazugehört: geistige Präsenz, das Setzen von Prioritäten, Initiative, Entschlossenheit, Energie, guten Willen und das Einbeziehen des Körpers …

Wie sieht das bei mir aus? Habe ich schon einmal einen solchen Entschluss, eine grundlegende Entscheidung getroffen? Habe ich Wege gefunden, sie im Lebensalltag umzusetzen und durchzutragen?

# III – Hineinhorchen

„Und lieben und ‚hineinhorchen' in sich und andere, und forschen nach den Zusammenhängen in diesem Leben und nach dir. ‚Hineinhorchen', dafür möchte ich einen guten holländischen Ausdruck finden. Eigentlich ist mein Leben ein unablässiges ‚Hineinhorchen' in mich selbst, in andere und in Gott. Und wenn ich sage, dass ich ‚hineinhorche', dann ist es eigentlich Gott, der in mich ‚hineinhorcht'. Das Wesentlichste und Tiefste in mir horcht auf das Wesentlichste und Tiefste in dem anderen. Gott horcht auf Gott" (DDH 176).

Etty hatte beschlossen, den „verrückten Zug" ihres Lebens anzuhalten: Eine stille Stunde am Morgen sollte ihre inneren Turbulenzen beruhigen, ihr seelisch-geistiges Wirrwarr entflechten und die „seelische Verstopfung" überwinden. Mit diesem Entschluss allein hat sie schon ein wichtiges Wegstück geschafft. Sie will nicht mehr der ständigen Versuchung äußeren Getriebenseins erliegen, jenen „Zerstreuungen", wie Blaise Pascal es genannt hat: Er stellte fest, dass sie das Einzige seien, was uns in unserem Elend tröste – und gerade deshalb seien sie das größte Elend; denn sie hinderten uns daran, an unsere wirkliche Lage zu denken, und so verlören wir, ohne es zu merken, uns selbst!

Was aber zeigt sich, was tut sich auf bei der Hinwendung nach innen, in die Tiefe des Herzens? Und was ist das eigentlich: sich nach innen wenden? Etty kommt dafür ein deutsches Wort in den Sinn, für das sie keine genaue niederländische Entsprechung findet: *Hineinhorchen*. Es ist ein sehr dichtes, prägnantes Wort. Es bezeichnet ein ganz besonderes Hören; es ist etwas anderes als etwa das durch eine Lektüre angestoßene Nachdenken, als Studieren, Reflektieren oder Ähnliches. Mit all diesen geistigen Tätigkeiten ist Etty mehr als vertraut; doch es ist ein nur vermeintliches inneres Leben, das sie bislang geführt hat – mit der Folge, so schreibt sie, dass „ich mich zu sehr in ‚Ausschweifungen', in Bacchanalien des Geistes verliere. Vielleicht identifiziere ich mich auch zu stark mit allem, was ich lese und studiere. Jemand wie Dostojewski macht mich immer noch irgendwie kaputt ... Mit Denken komme ich ja doch nicht weiter" (DDH 54).

Hineinhorchen ist etwas anderes: ein ungeteiltes Hören in der Hinwendung zur Wirklichkeit, und zwar so, dass diese Bewegung nicht doch wieder von einer subtilen Eigenliebe umgebogen und auf einen selbst gelenkt wird.

Die Wirklichkeit umfassend in den Blick nehmen, das verlangt die Entschlossenheit, in der Betrachtung der anderen und der Dinge zu verweilen. Wozu Entschlossenheit?, mag jemand einwenden: Ist es denn nicht ganz natürlich, die Welt mit den Sinnen wahrzunehmen, durch Hören, Fühlen, Sehen, Schmecken, Riechen? Ist nicht auch die geistig-gefühlsmäßige Wahrnehmung eine Selbstverständlichkeit? Wir empfinden doch ganz von selbst eine Sache so oder so, werden uns ihrer bewusst ...!? Und dennoch: Das „Verweilen in der wahrnehmenden Betrachtung" ist alles andere als eine Selbstverständlichkeit. Dies sind wir in aller Regel *nicht* gewohnt, sondern wir ordnen das, was wir wahrnehmen, ganz schnell ein, wir analysieren und brüten vielleicht darüber, wir überlegen, was wir damit machen können ... Im „Denken" der Wirklichkeit verzwecken wir sie oft, fragen uns, was wir damit anstellen können, was wir tun können. Die Wahrnehmung als solche ist auf ein Minimum beschränkt. Etwas *einfach wahrnehmen* – ohne sogleich zu reagieren und zu versuchen, etwas damit anzufangen oder es zu verändern, das ist gerade in unseren westlichen Gesellschaften eine eher seltene Haltung. Statt offen aufzunehmen, was ist, stürzen wir uns wie versessen aufs „Agieren" und nehmen das zum Alibi, zum Vorwand, um der mühsamen Aufgabe zu entgehen, uns offen der komplexen Wirklichkeit zu stellen.

Aus der Biologie wissen wir, dass es in unserem Gesichtsfeld einen sogenannten schwarzen Fleck gibt, eine Stelle auf der Netzhaut, die keine Signale empfangen und weitergeben kann. Die Psychologie kennt entsprechende Phänomene: Unbewusst schließen wir ganze Teile der Wirklichkeit aus unserem Bewusstsein aus. Es ist eine alltägliche Erfahrung, dass Dinge, die unserem Interesse oder dem, was uns gefangen nimmt, zuwiderlaufen, ausgeblendet, gewissermaßen neutralisiert werden. Entweder treten sie erst gar nicht über die Schwelle unseres Bewusstseins, oder sie werden nur beiläufig als mehr oder weniger unwichtig registriert.

„Hineinhorchen", das bedeutet für Etty, die Wirklichkeit nicht zu reduzieren auf das, was sie auslöst – Interesse, Haben-Wollen oder Ungeduld ... Die Dinge sind mehr als das, was sie oberflächlich an Eindrücken wecken. Etty möchte lernen, tiefer wahrzunehmen. Ein gewiss schwieriges Unterfangen! Sie hätte ihre Aufzeichnungen durchaus mit dem Titel von Gandhis Autobiografie überschreiben können: „Meine Experimente mit der Wahrheit".

Hat nicht alles, was da ist, erst einmal das Recht, da zu sein? Das jedenfalls ist die uneingeschränkte Offenheit, die zum „Hineinhören" unbedingt dazugehört. In dieser Offenheit ist Etty achtsam auf ihre Affektivität, ihre Gefühle. Sie bringt eine große „Durchlässigkeit", ein feines Gespür mit und geht nicht über das hinweg, woran sie rührt. Schwachstellen und neuralgische Punkte in ihr werden bloßgelegt, Abgründe und Gräben tun sich auf: Sie hätte daran auch zerbrechen können. Als „Seele ohne schützende Haut“, der es schon weh tut, wenn jemand flüchtig an sie rührt, hat sie sich einmal bezeichnet (VB 56). Im alltäglichen Leben lernt sie zu unterscheiden zwischen zwei nicht zu verwechselnden Haltungen, die sich mit den Begriffen „sich abhärten“ einerseits und „verhärten“ oder „empfindungslos werden“ andererseits beschreiben lassen: „Ich glaube, dass ich jeden Tag mehr abgehärtet werde, aber empfindungslos werde ich wahrscheinlich nie“ (VB 197).

Sich der ganzen Wirklichkeit öffnen, das bedeutete für Etty, auch unangenehme Wahrheiten ertragen zu lernen und sich eine „schützende Haut“ zuzulegen, sich zu stählen. Immer wieder fühlte sie sich kraftvoll und merkte dann doch sehr schnell, wie schwach sie war. Sie musste „abgehärtet“ werden und dabei wachsam sein, dass sie nicht verhärtete und sich nicht mit einem Panzer umgab.

Salomos schönste Bitte an Gott lautet: „Verleihe deinem Knecht ein hörendes Herz“ (1 Könige 3,9). Mit diesem Wort ließe sich Ettys Weg beschreiben. Gott ist nie fern, wo Offenheit ist und Freiheit aufkeimt: Er ist allen nahe, die ihn suchen.

## ZUR REFLEXION

Wie leben wir „mit uns selbst“? Gedanken kommen und gehen. Manche sind eher banal, drehen sich um die alltäglichen kleinen Sorgen. Andere machen uns Angst ...

Wie gehe ich mit diesen Gedanken um? Versuche ich, sie gewaltsam zu unterdrücken? Das wäre genauso falsch, wie mich ständig damit zu beschäftigen. Von Etty Hillesum können wir einen anderen Weg lernen: mir keine Gewalt antun, sondern von Zeit zu Zeit – mit Geduld und ohne Selbstgefälligkeit – in mich hineinhorchen und hinschauen.

# IV – Den Eltern vergeben

„Mischa kündigte mir Vaters Ankunft für Samstagabend an. Erste Reaktion: grässlich. In meiner Freiheit bedroht. Lästig. Was soll ich mit ihm anfangen? ... Schließlich liebe ich ihn sehr, aber das ist, oder besser: war eine komplizierte Liebe: überspannt, krampfhaft und mit so viel Mitleid vermischt, dass mir das Herz schier brach ... Das muss ich ihm jetzt innerlich verzeihen. Und nicht nur denken, sondern wirklich meinen: wie nett, dass er mal dort rauskommt. So, das war ein hübsches Morgengebet“ (DDH 74f).

„Mutter. Plötzlich eine Welle von Liebe und Mitleid, die alle kleinen Irritationen fortspülte. Fünf Minuten später natürlich doch wieder irritiert. Aber später am Tag wieder das Gefühl: Vielleicht, wenn du sehr alt bist, kommt eine Zeit, in der ich für eine Weile bei dir bleibe und dir dann klarmache, was alles in dir steckt, und dich dadurch von deiner Unruhe befreie, denn sehr allmählich beginne ich zu begreifen, wie du im Grunde beschaffen bist“ (DDH 86).

„Deine Eltern innerlich lieben. Das heißt, ihnen alle Schwierigkeiten verzeihen, die sie dir einzig und allein durch ihre Existenz bereitet haben: die Bindungen, die Abscheu, die Beschwernis, die sie durch ihr eigenes kompliziertes Leben deinem gleichfalls recht schwierigen Leben hinzugefügt haben. Ich glaube, ich schreibe hier die idiotischsten Dinge hin. Nun, das ist nicht schlimm" (DDH 75).

In sich hineinhorchen, das heißt auch: verstehen, woher man kommt, die eigene Herkunft, die prägenden Wurzeln und Abhängigkeiten in den Blick nehmen. Diese Abhängigkeiten wie auch der Mangel an Freiheit, der unsere Entwicklung erschwert, sind oft eng verknüpft mit der Beziehung zu unseren Eltern. Denn diese Urbeziehung kann sich als eine Falle entpuppen, in der wir unbewusst festsitzen. So war es jedenfalls für Etty. Sie merkt, wie wichtig es ist, einen Prozess zu beginnen, in dem nicht so sehr die Beziehung zu den realen Eltern infrage gestellt, als vielmehr das innere Bild von den eigenen Eltern kritisch angeschaut wird, das oft von erlittenen Verwundungen geprägt ist. Denn es ist nicht zuletzt dieses Bild, das einen blockieren kann.

Etty entstammt der Verbindung eines als „reserviert, gebildet und humorvoll" beschriebenen Mannes und einer Frau, die in der Einführung zu Ettys gesammelten Schriften als „geschäftig, chaotisch, extrovertiert und dominant" geschildert wird. Der familiäre Hintergrund wurde im Eingangskapitel bereits kurz angerissen.

Ettys Verhältnis zu ihren Eltern war lange Zeit verkrampft und von Reibereien und einer unterschwelligen Gereiztheit beherrscht. Besonders gilt das im Blick auf die Mutter: „Ich versuche sie objektiv zu sehen und sie ein wenig lieb zu haben, aber plötzlich denke ich dann wieder aus tiefster Überzeugung: Was bist du doch für ein lächerlicher und törichter Mensch" (DDH 46). Leicht war es für Etty auch mit dem Vater nicht, wenn es mit ihm auch ein größeres Einvernehmen gab: „Mein Vater kam unerwartet. Viel Genervtheit auf beiden Seiten ..."

Wie ging sie mit diesen gespannten Beziehungen um? Zunächst einmal in Treue zu ihrem Grundprinzip, nicht vor dem zu flüchten, was ihr begegnet. Sie leugnet nicht ihre negativen Gefühle, sondern nennt sie beim Namen und geht dann allmählich darüber hinaus – um sie schließlich auf ihre Weise humorvoll in ein Gebet einmünden zu lassen und so umzuwandeln: „... welche Chance für ihn, seine Vorstellungen für ein paar Tage zu ändern! Ein solches Morgengebet steht einem anderen in nichts nach!" Es ist eine ihrer höchst originellen Formulierungen, die sie nirgendwo entlehnt hat: Sie entspringen ihrer ureigenen Erfahrung.

Die Beziehung zu den Menschen, von denen wir das Leben empfangen haben, ist selten einfach. Oftmals ist sie durch enttäuschte Erwartungen und offene oder unterschwellige Vorwürfe belastet. Etty ist diesem „Knäuel" nicht entgangen. Aber sie ist es angegangen – und wählt wieder einen anspruchsvollen „Ausweg“, den wir näher betrachten wollen.

Ein erster Schritt ist das *Bewusstwerden* des Klimas im elterlichen Haus in Deventer. Zurück von einem Besuch, schreibt sie: „Man steckt bis zum Hals in ungelösten Problemen und rasch wechselnden Stimmungen, es herrscht ein chaotischer, trauriger Zustand, der sich im äußeren Chaos des Haushalts widerspiegelt ... Das Leben in diesem Haus scheitert an Kleinigkeiten ... Ich würde zur berufsmäßigen Melancholikerin, wenn ich länger hierbleiben müsste. Man kann auch nichts tun, weder helfen noch eingreifen“ (DDH 47).

Ein zweiter Schritt: Auf die Wahrnehmung der Lage folgt das *Bemühen zu verstehen*. Etty versucht tiefer zu erfassen, wie diese beiden so unterschiedlichen Persönlichkeiten zusammenprallen. Ein Beispiel: Auf die schrillen Schreie der Mutter folgt das Knallen der Tür; der Vater will sich wieder seinen geliebten Büchern widmen ... Zum Verstehen gehört auch, ihren eigenen Part in diesem Zusammenhang zu sehen: „Mein Bauchweh macht mich selbst nicht gerade liebenswerter.“ Sie ermahnt sich selbst: „Auf, Etty, nimm dich zusammen!“ Was ihre Eltern angeht, kommt sie zum Schluss: „Anscheinend wurden meine Eltern von der unendlichen Kompliziertheit des

Lebens so sehr überwältigt, und zwar in zunehmendem Maße, dass sie nie eine Entscheidung treffen konnten. Ihren Kindern ließen sie große Bewegungsfreiheit, sie konnten ihnen aber auch keinen Halt geben, weil sie selbst nie einen Halt gefunden hatten" (DDH 85). Für Etty ist es eine ebenso grundlegende wie schmerzliche Erkenntnis, dass sich in manchen Worten und Verhaltensweisen ihrer Eltern das Chaos spiegelt, das sie in sich selbst vorfindet und das sie zu überwinden versucht. Und sie sieht immer klarer ihre eigene Aufgabe vor sich: „… ihren armen, umherirrenden, nie zu Form und Ruhe gelangten Talenten eine Gelegenheit zu bieten, zu wachsen, zu reifen und ihre Form zu finden" (DDH 85) – und so in sich selbst das zu verwirklichen, was im Leben ihrer Eltern sich nicht hat entfalten können oder abgewürgt wurde.

Im Versuch zu verstehen, begegnet sie unmittelbar ihren eigenen Wurzeln; es ist ein Erkennen wechselseitiger Abhängigkeit – und eine bewusste Solidarität. Gegen Ende ihrer Aufzeichnungen macht sie sich das Gebet zu eigen: „Herr, gib mir, dass ich nicht so sehr danach trachte, verstanden zu werden, als zu verstehen."

Der dritte Schritt in der Beziehung zu ihren Eltern ist die *Vergebung*, eine tiefe Gemeinschaft, das Frieden-Finden: ein unabdingbarer Schritt! Etty greift zu drastischen Worten: „Seinen Eltern alle

Schwierigkeiten vergeben, die sie einem aufgebürdet haben durch das bloße Faktum ihrer Existenz: durch die Abhängigkeit, den Widerwillen, die belastende Komplexität ihres Lebens, die zu der Last hinzukommt, die man mit seinen eigenen Schwierigkeiten schon hat" (VB 84).

Dieser schwierige Schritt setzt die beiden ersten voraus: das Erkennen und das Verstehen. Etty hat einen inneren Reifungsprozess durchlaufen; sie spürt, dass sie es im Blick auf ihre Eltern nicht länger nur bei – noch so berechtigten – Vorwürfen belassen darf. Erst jetzt kann sie ohne Ausflüchte die Verantwortung für ihren eigenen Weg übernehmen und zu einem gelösteren Verhältnis zu ihnen finden, in dem nicht mehr Ansprüche oder Ressentiments vorherrschen.

Bald darauf sollte sie darunter leiden, dass sie ihre gerade zwei Zugstunden entfernt wohnenden Eltern nicht mehr besuchen kann. Die Juden durften ihre Gemeinden und Stadtviertel nicht mehr verlassen. Später, als ihre Eltern ebenfalls nach Westerbork in das grauenvolle „Durchgangslager" kommen, ist Etty berührt, wie sie das Geschehen zu nehmen wissen: „Meine Eltern reagieren mit allergrößtem Mut; ich bin stolz auf sie."

Nicht zu vergessen ein heimlicher Spaziergang mit ihrem Vater – es war einer der letzten – in der umliegenden Natur, die sie mit einer wahren Wüste vergleicht. Der Wind blies ihnen den Sand ins Gesicht und nahm ihnen fast den Atem, er umwehte die zartlila Lupinen, die Wiesennelken und anmutige, Möwen ähnliche Vögel: „Die Juden in der Wüste! So lange schon kennen wir diese Landschaft!" Aufmerksam vernahm Etty das Seufzen „dieses kleinen, charmanten und so freundlichen Papas", den die Versuchung befiel, „abzutreten".

Diese Momente sind auch Teil des Weges ihrer Versöhnung mit sich selbst – bis in die eigenen Wurzeln hinein, die sie tragen: „Nicht du trägst die Wurzel, sondern die Wurzel trägt dich", heißt es treffend im Römerbrief (Röm 11,18). Etty hat zu einer respektvollen Dankbarkeit gefunden, die es ihr ermöglichte, einen jeden in seine Geschichte hinein zu „entlassen". So hat sie auf ihre wie immer ganz eigene Weise die beiden grundlegenden biblischen Weisungen verbunden: „Vater und Mutter zu verlassen" und zugleich „Vater und Mutter zu ehren".

Am 7. September 1943 verließ Etty mit demselben Zug wie ihre Eltern das Lager Westerbork in Richtung Auschwitz.

## ZUR REFLEXION

Ettys Leben zeigt, was Simone Pacot einmal in dieses anschauliche Bild gekleidet hat: dass unsere Eltern für uns die „Übermittler" des Lebens sind, dass diese Übermittlung aber durchaus verunglücken und Folgeschäden haben kann.

Erkennen, verstehen und den Eltern verzeihen, das sind wichtige Etappen der geistig-spirituellen Entwicklung. Solange diese Arbeit nicht begonnen hat, werden wir tief im Herzen schwerlich wirklich Ruhe und Frieden finden.

Wie geht es mir mit meiner eigenen Geschichte, wenn ich mir Ettys „innere Arbeit", die Entwicklung ihrer Beziehung zu ihren Eltern vor Augen halte?

## V – Allein. Ich bin mir selbst anvertraut

„Es ist ein langsamer und schmerzlicher Prozess, zur wirklichen inneren Selbständigkeit geboren zu werden. Mit immer größerer Sicherheit zu wissen, dass es nie und nimmer Hilfe, Unterstützung und Zuflucht bei anderen für dich gibt. Dass die anderen genauso unsicher, schwach und hilflos sind wie du selbst. Dass du immer der Stärkere sein musst.

Ich glaube nicht, dass es in deiner Art liegt, bei anderen Zuflucht zu finden. Du wirst immer wieder auf dich selbst gestellt sein. Es gibt nichts anderes. Das Übrige ist Fiktion. Aber dies jedes Mal wieder von Neuem erkennen zu müssen ... Und wenn man in seinem 27. Lebensjahr zu solch bitteren ‚Wahrheiten' gelangt, überkommt einen oft ein verzweifeltes und einsames und ängstliches Gefühl, aber andererseits auch wieder ein Gefühl des Stolzes und der Unabhängigkeit. Ich bin mir selbst anvertraut und muss mit mir selbst ins Reine kommen. Der einzige Maßstab, den du hast, bist du selbst. Ich wiederhole es mir immer wieder. Und die einzige Verantwortung, die du in deinem Leben übernehmen kannst, ist die Verantwortung für dich selbst. Aber das musst du dann auch voll und ganz tun. Und jetzt S. anrufen" (DDH 63f).

Es ist eine merkwürdige und zugleich unabdingbare Etappe auf Ettys Weg – wie überhaupt im geistlichen Leben: das Begreifen, dass man allein ist. Ohne diesen Lernprozess würde sich in unsere Beziehungen zu anderen Menschen wie zu Gott das Gift des Haben-Wollens einschleichen.

Woher kommt dieses subtile Lasso, das wir nach den anderen werfen, dieser Wunsch, den anderen im Blick zu behalten oder in seinem Blickfeld zu sein? Aus einer tief sitzenden, unglaublichen Furcht davor, allein zu sein, verlassen zu werden – und umgekehrt, da jede Furcht die Kehrseite eines Wunsches ist – aus dem unstillbaren Verlangen, geliebt zu sein.

Die Furcht, verlassen zu werden, speist sich oft aus schmerzlichen Kindheitserfahrungen. Die Angst, verstoßen zu werden, und das übermächtige Verlangen nach Sicherheit und Zuneigung können in eine geradezu krankhafte Abhängigkeit von anderen Menschen führen: Zweifel, Schuldgefühle und Enttäuschungen beeinträchtigen dann unsere Beziehungen zu anderen Menschen. Etty kann davon ein Lied singen.

Indem sie sich dessen bewusst wird, beginnt sie aus dieser Not herauszufinden. Gleich zu Beginn ihres Tagebuchs stellt sie fest: „Leichte Veränderung der Hierarchien in meinem Leben.“ Auch der Platz, den Spier einnimmt, verändert sich: Zuvor hatte sie bei der Lektüre von Autoren, die sie gerade studierte, wie in einer Überblendung immer Spiers Gesicht vor Augen, sodass sie nicht mehr weiterarbeiten konnte; dann aber rückte sein wohl stets präsentes Antlitz in den Hintergrund, wie eine geliebte, vertraute Landschaft.

Wenn Etty früher eine Blume schön fand, hätte sie diese am liebsten gleich gepflückt und an ihr Herz gedrückt. Oder wenn sie das Geäst eines Baumes in der Dämmerung betrachtete, war sie davon ganz gefangen; am liebsten hätte sie sich alles Schöne gleich „einverleibt" ... Doch sie merkt, wie dieses Verlangen sie mitnimmt und auslaugt ... Es kommt ihr vor wie „eine Art Onanie": eine Art, sich zu erregen, um Vergnügen zu empfinden, das aber steril bleibt, das nie genügt und eben doch nicht wirklich befriedigt. Dann ändert sich etwas in Etty. Wie, das vermag sie selbst nicht zu sagen. Doch etwas ist offenkundig anders geworden ...

Wie sie im Nachhinein einen Anfall von Eifersucht Spier gegenüber beschreibt, zeugt von ihrer analytischen Begabung: „Er hat mich tief in meinem Wesen berührt ... Ich wollte ihn also auf die eine oder andere Weise besitzen und hasste alle Frauen, von denen er mir erzählt hatte ... Vielleicht bin jetzt ich an der Reihe? ... Damals war ich todunglücklich und einsam ..." (DDH 24).

Etty wird sich bewusst, dass auch das Schreiben eine verkappte Weise sein kann, sich die Dinge mit Hilfe von Worten und Bildern aneignen und sich ihrer bemächtigen zu wollen. Dieses Bewusstwerden ist der Anfang einer Geburt zu „einer wirklichen inneren Selbständigkeit“: Sie erfährt sich wie befreit von ihrer Sucht, haben zu wollen, und sie freut sich über diesen Fortschritt, auch wenn es manchmal Mühe kostet. Trotz der Wellen von Einsamkeit, Verzweiflung und Ängsten, die sie von Zeit zu Zeit wieder überkommen, hält sie Kurs: Sie will die noch zarte, neu gewonnene Freiheit unbedingt bewahren. Und sie entdeckt: „Der einzige Maßstab, den du hast, bist du selbst.“ Nicht um abgeschottet und autark zu sein – schon gar nicht in einer vermeintlichen „splendid isolation“ (Etty merkt, wie leidenschaftlich ihr Herz weiter schlägt, „aber niemals nur für einen Menschen“!), sondern um der großen Verantwortung zu entsprechen, die ein jeder für sich selbst hat. Diese Verantwortung kann einem niemand abnehmen.

Wenn dem so ist, dann müssen wir sie auch ganz tragen, stellt Etty klar. Konkret gilt es, diese Verantwortung für sich selbst umzumünzen in eine Fülle kleiner wie großer Entscheidungen: Spier anrufen; sich nicht anstecken lassen von der Niedergeschlagenheit derer, die ihr begegnen; sich eine halbe Stunde (aber nicht mehr!) zu genehmigen, in der sie sich auch einmal trüben Gedanken hingibt; endlich die Lektüre in Angriff nehmen, die sie schon lange im Sinn hatte; den Ursachen ihrer „Fressattacken“ nachgehen …

Auf dem Boden ihrer wachsenden inneren Unabhängigkeit reifte eine wichtige Entscheidung: Spier nicht zu heiraten. „Aber ‚heiraten', was der brave Bürger heiraten nennt, möchte ich ihn nicht, das soll endlich mal ganz nüchtern und ehrlich gesagt sein. Es gibt mir sogar ein Gefühl der Kraft, dass ich meinen Weg allein gehen muss. Von Stunde zu Stunde geleitet durch die Liebe, die ich für ihn und für andere in mir trage … Dann möchte ich doch lieber allein bleiben und für alle da sein" (DDH 167).

Allein – *und* für alle da sein: Etty hat das, als es ernst wurde, tatsächlich in letzter Konsequenz gelebt. Als es ihr geboten schien, sich mit der ihr eigenen Liebesfähigkeit für alle Menschen zu öffnen, hatte sie die Kraft, sich von Spier zu entfernen. Nicht, weil er ihr nichts mehr bedeutet hätte in jener Zeit, da er an Lungenkrebs erkrankt war. Sentimentales Mitleid hätte sie zum Bleiben in Amsterdam, in seiner Nähe, bewogen; doch sie ging den Weg, den sie als den richtigen verstanden hatte, in der Gewissheit, dass die kürzeste Verbindung zwischen zwei Menschen über die Treue eines jeden zu sich selbst führt. Von Spier wegzugehen fiel ihr schwer und war keine mit stoischem Gleichmut getroffene Entscheidung, sondern veranlasst von jener nicht zu unterdrückenden geheimnisvollen *Präsenz*, in der sie nunmehr beständig lebte.

Sie sagte öfter, dass sie sich selbst anvertraut sei und auf sich aufpassen müsse. Eine solche Erkenntnis umzusetzen kann äußerst hart sein. Etty hat auch weiterhin Abgründe durchlebt. Nach zehn Tagen stumpfsinniger Tätigkeit im Amsterdamer Judenrat befallen sie plötzlich Suizidgedanken. „Doch mit einem Mal steigt plötzlich wie aus verborgenen Quellen eine Kraft herauf, eine Kraft, die mir zu verstehen gibt, dass ich noch nicht am Ziel bin" – und die ihr gleichzeitig versichert: Du kannst es! Eine Kraft aus verborgenen Quellen: Die Zwiesprache mit Gott gab ihr, die einmal notiert hatte, dass man sich selbst Heimat sein müsse, die Kraft, immer mehr in sich selbst zu stehen.

## ZUR REFLEXION

Verlangen wir nicht oft unbewusst von den anderen etwas, was sie uns gar nicht geben können? Wenn selbst die Menschen, die uns lieben, sich als unfähig erweisen, den Schrei unserer existenziellen Einsamkeit zu vernehmen, könnte das ein Fingerzeig sein: Sollten wir uns nicht auf jene geheimnisvolle *Präsenz* tief in unserem Innern stützen, die uns – ohne uns unsere Einsamkeit zu nehmen – hilft, ebendiese Einsamkeit zu „bewohnen"?

## VI – Mein Anteil am „Massenschicksal“

„Wir müssen noch viel erdulden. Wir werden bald bettelarm sein, und wenn das noch lange so weitergeht, verkümmern wir innerlich; unsere Kräfte verfallen von Tag zu Tag, nicht nur aus Angst und Unsicherheit, sondern auch wegen einer Vielzahl von Kleinigkeiten, etwa weil immer mehr Geschäfte für uns verboten sind und weil wir alle Wege zu Fuß zurücklegen müssen, was viele meiner Bekannten sehr erschöpft. Von allen Seiten schleicht sich die Vernichtung heran, und bald wird der Kreis um uns geschlossen sein, sodass auch die gutgesinnten Menschen uns nicht mehr helfen können. Jetzt gibt es noch viele Schlupflöcher, aber die werden bald geschlossen sein“ (DDH 136f).

„Jeder möchte sich selbst retten, obwohl er wissen sollte: Wenn nicht er geht, muss ein anderer an seiner Stelle gehen. Es kommt auf dasselbe heraus, ob ich gehen muss oder ein anderer, ob dieser oder jener. Es ist nun zu einem ‚Massenschicksal‘ geworden, darüber muss man sich klar sein. Ein sehr schwerer Tag. Aber ich erhole mich immer wieder im Gebet. Und das werde ich wohl immer tun können, auch auf kleinstem Raum: beten. Und den Teil vom ‚Massenschicksal‘, den ich zu tragen vermag, schnalle ich als Bündel auf meinem Rücken fest, immer fester, bis es mit mir verwachsen ist. Ich laufe jetzt schon damit durch die Straßen" (DDH 143f).

Der Zweite Weltkrieg liegt für uns lange zurück; aus der Distanz und mit unserer Kenntnis der Geschichte können wir manches eher einordnen und bewerten. Für Etty war es anders: Sie war mittendrin in einem Geschehen, dessen Ausgang sie nicht kannte; sie erlebte Stunde um Stunde mit, wie sich der Krieg entwickelte; sie war Augenzeugin des aufbrechenden Antisemitismus, als sich das ganze Ausmaß der ihrem Volk bevorstehenden Tragödie noch nicht erahnen ließ. Menschenverachtende Extremismen flößen immer und von allem Anfang an Angst ein, doch *wie* perfide und grausam sie werden können, das offenbart sich oft erst nach und nach.

Wie hat ein so human gesinnter Mensch wie Etty Hillesum anhand erster, dann immer stärkerer Signale die perverse, todbringende Intention erkannt, die da am Werk war? Wie ist sie sich bewusst geworden, dass einem ganzen Volk das Lebensrecht abgesprochen wurde – jenem Volk, dem sie selbst entstammte – und dass auch ihr eigenes Leben von Tag zu Tag in größerer Gefahr war?

Das Böse ist und bleibt ein Rätsel. Im Großen wie im Kleinen macht es sprachlos. Wir stehen erst einmal ungläubig davor, bevor wir uns wirklich eingestehen können, dass es tatsächlich existiert. Sosehr wir die Folgen des Bösen sehen, sosehr wir seine Mechanismen entschlüsseln mögen, so sehr übersteigen die Boshaftigkeit und Perversität, zu der Menschen fähig sind, unser Begriffsvermögen. Etty hat diesen Schock nicht nur einmal erlebt. Sie steht vor dem Unbegreiflichen und kann zeitweise einfach nicht glauben, was sie sieht. Doch die weiteren Entwicklungen lassen sie dann in aller Schärfe erkennen, worauf das alles hinausläuft. Ohne Umschweife, präzise und ohne jede Beschönigung bringt sie zu Papier, was bevorsteht: „Man wird uns alles nehmen … Von allen Seiten schleicht sich die Vernichtung heran … Jetzt gibt es noch viele Schlupflöcher, aber die werden bald geschlossen sein."

Etty sieht sich gezwungen anzuerkennen, dass diese „geschichtliche Episode, wie es keine andere je gegeben hat", nicht aufzuhalten ist; sie prägt einen deutschen Begriff, um darüber sprechen zu können: „Es ist nun zu einem ‚Massenschicksal' geworden …" Ihre ganze Aufmerksamkeit richtet sich auf diese neue Entwicklung. „Nie hat es eine Verfolgung in dieser totalitären Form gegeben, im ‚Massenmaßstab', ganz Europa einbeziehend", schreibt sie am 10. Juli 1942. Sie unterstreicht – und sie sollte recht behalten –, dass diese Verfolgung den Juden kaum einen Ausweg lässt. Ein ganzes Volk, ihr Volk, ist gefangen im Strudel einer mörderischen Ideologie, aus dem es kein Entrinnen gibt …

Im folgenden Jahr, eingetaucht in das unvorstellbare Elend des Lagers Westerbork, notiert Etty: „Ich habe kürzlich ein Mädchen getroffen, das mir gleich sagte, es sei Schicksal, dass sie in Westerbork sei." Etty kommentiert: „Es ist ein allgemein verbreitetes, in der Tat erstaunliches Phänomen: Jeder meint, dass ‚sein' Fall einem bösen Schicksal geschuldet sei; wir sind noch meilenweit von einem gemeinsamen historischen Bewusstsein entfernt" (VB 267).

In Etty selbst wird dieses „historische Bewusstsein" immer stärker. In einem erschütternden Brief vom 24. August 1943 schreibt sie, sie empfinde ständig ihre Augen und Ohren „als Teil der jüdischen Geschichte". Für sie ist es ein Bewusstseinswandel, eine allmähliche Standortverlagerung: heraus aus ihrer individuellen Geschichte, hinein in die kollektive Geschichte ihres Volkes – und letztlich in die Solidarität mit dem Menschengeschlecht. Es ist ein entscheidender Schritt, der ihren spirituellen Weg besiegelt und beglaubigt.

Wohl jede innere Suche hat anfänglich ein wenig von einer Nabelschau, um dann über sich selbst hinauszuführen in eine universelle Weite und ins Engagement für die Gemeinschaft. Dieser Übergang verlangt freilich bewusste Entscheidungen. In ihrer Umgebung sieht Etty Menschen, die nicht zögern, ihre eigene Haut auf Kosten anderer zu retten, und nach jedem Strohhalm greifen, um selbst vielleicht doch davonzukommen.

„Ich will keinen von diesen Papierfetzen, um deretwillen sich die Juden einen Kampf aufs Messer liefern", schreibt sie im Blick auf jene Listen mit „Kategorien" von Juden, die von der Deportation auszunehmen seien – in Wahrheit eine ganz und gar illusorische „Sicherheit". Sie selbst zieht etwas anderes vor: „In alle Lager von ganz Europa möchte ich kommen, … ich will gar nicht in sogenannter Sicherheit sein, ich will doch dabei sein …, ein wenig Verbrüderung zwischen den sogenannten Feinden stiften" (DDH 198).

Als Freunde sie drängen, sich an einen sicheren Ort zu begeben, da sie doch solche Fähigkeiten besitze, weigert sie sich: „Es ist eine eigenartige Selbstüberschätzung, zu meinen, man sei zu wertvoll, um mit den anderen ein ‚Massenschicksal' zu teilen." Ist dies eine Art „Massenfatalismus"? Oder spricht daraus ein persönlicher Hang zum Fatalismus? „Es ist nicht wahr, dass ich mit einem unterwürfigen Lächeln auf den Lippen meiner Vernichtung entgegengehen wollte", entgegnet sie in aller Entschiedenheit denen, die ihr Kamikazegelüste unterstellen.

Etty tut sich schwer, die richtigen Worte für den von ihr beschrittenen Weg zu finden. „Wenn ich zu den anderen sage: ‚Fliehen oder Verstecken hat überhaupt keinen Sinn, es gibt kein Entkommen, wir müssen mitgehen und versuchen, den anderen, so gut wir können, zu helfen', so klingt darin viel zu viel Resignation. Es schwingt etwas mit, das ich gar nicht meine" (DDH 142).

Es gibt einen Augenblick im Leben, in dem eine innere Notwendigkeit, die uns „zum Gehen" drängt, stärker ist als aller äußerer Druck, der uns zu ebendieser Sache zwingt. Wir spüren von innen her, dass wir etwas tun müssen – nicht *weil*, sondern fast *obwohl* es uns von außen her auferlegt ist. Etty hat dies erkannt und erlebt. Es ist das freie Einwilligen in ein unabdingbares Geschehen. Ist dies nicht gegen allen Anschein der äußerste, der extremste Punkt, an dem wir unsere Befähigung zum Widerstand und zur Freiheit ausüben?

„Deshalb muss ich es [das Leben] so gut und so überzeugend wie möglich weiterleben bis zum letzten Atemzug, sodass derjenige, der nach mir kommt, nicht ganz von Neuem anfangen muss und es nicht mehr so schwer hat. Tut man damit nicht auch etwas für die nachkommenden Geschlechter?" (DDH 124).

Hier kommt menschliche Solidarität in ihrer horizontalen wie vertikalen Dimension in den Blick: in den Koordinaten von Raum (überall) *und* Zeit (mit Blick auf die künftigen Generationen). Durch das Tragen ihres „Teils vom Massenschicksal" steht Etty in tiefer geschwisterlicher Gemeinschaft mit weit mehr Menschen, als sie es in jenen Augenblicken erfassen konnte …

## ZUR REFLEXION

Etty schrieb: „Ein sehr schwerer Tag. Aber ich erhole mich immer wieder im Gebet." In diesen Momenten des Gebets fand sie Kraft, sich einen „Teil vom ‚Massenschicksal'" als Bündel auf ihrem Rücken festzuschnallen".

Ein Kriterium echten Betens ist die Frage, ob es unser Verantwortungsbewusstsein weitet, ob es uns bereit macht, nicht davonzulaufen, wo es für uns selbst unbequem wird.

Hilft mir mein Beten tatsächlich, mich meiner Lebenswirklichkeit nicht zu entziehen, sondern bewusst zu stellen?

## VII – Jeden Tag Abschied nehmen

„Vor einigen Tagen dachte ich noch: Das Schlimmste für mich wird sein, wenn man mir Papier und Bleistift wegnimmt und nicht erlaubt, ab und zu Klarheit in mir selbst zu schaffen; das ist für mich das Aller-, Allernotwendigste, andernfalls zerbricht im Laufe der Zeit etwas in mir und vernichtet mich innerlich.

Jetzt weiß ich: Wenn man einmal damit anfängt, seine Forderungen und Wünsche zurückzustellen, kann man auch auf vieles andere verzichten. Das habe ich in den wenigen Tagen gelernt ... Ich werde meine Papiere in Ordnung bringen und jeden Tag Abschied nehmen. Der wirkliche Abschied ist dann nur noch eine kleine äußerliche Bestätigung dessen, was Tag für Tag in mir vorgegangen ist ... Bin das wirklich noch ich, die hier mit einer solchen Ruhe und Reife am Schreibtisch sitzt? Würde mich jemand verstehen, wenn ich sagte, dass ich mich merkwürdig glücklich fühle ...?

Ich getraue mich kaum weiterzuschreiben; ich weiß nicht, was das ist, als ginge ich fast zu weit in meinem Bestreben, mich dem zu entziehen, was die meisten anderen Menschen beinahe in den Wahnsinn treibt. Wenn ich wüsste, ganz sicher wüsste, dass ich in der nächsten Woche sterben werde, könnte ich noch die ganze Woche an meinem Schreibtisch sitzen und in aller Gemütsruhe weiterlernen, ohne dass dies eine

Flucht wäre, denn ich weiß jetzt, dass Leben und Sterben sinnvoll miteinander verknüpft sind. Es ist ein Übergang, auch wenn das Ende in seiner äußerlichen Form jämmerlich oder grauenhaft ist“ (DDH 135f).

Diese Abschnitte sind von einer außergewöhnlichen, man möchte sagen: frühreifen Klarsichtigkeit. In der Stunde, da der Terror zunimmt und sich die Schlinge enger zieht, lebt Etty jeden Tag „im Bewusstsein der schrecklichen Möglichkeiten, die jeden Augenblick Wirklichkeit werden können“ – für sie selbst wie für ihre Lieben. Inzwischen muss mit allem gerechnet werden. Der organisierte Terror hat ein Ausmaß erreicht, dass ihm Männer, Frauen und Kinder ohne eine Chance der Gegenwehr zum Opfer fallen. Etty sieht in aller Klarheit, dass es kein Entrinnen gibt. Sie hätte in dieser bedrohlichen Lage, die immer deutlichere Konturen annimmt, vor Schreck erstarren und sich verkriechen können. Doch auch als sie selbst aufgrund des schärferen Vorgehens gegen die Juden immer weniger Spielraum hat, will sie die Angst und Niedergeschlagenheit ihrer Schicksalsgenossen keinesfalls vermehren. Ganz bewusst richtet sie ihr Augenmerk auf die Zeichen des Vertrauens und der Liebe, die nicht weniger, sondern eher mehr werden. Und voller Glück stellt sie fest, dass sie sich noch anrühren lässt von einer „wahren Orgie an Vogelgezwitscher“ oder einer Geranie, die sich von Tag zu Tag mit einem leuchtenderen Rot schmückt. Dieses Glück ist weder eine Flucht noch Ausdruck von Überspanntheit. Etty lebt vielmehr im Bewusstsein, dass ihr in ihrem Leben viel Gutes zuteil geworden ist. Nichts vermag dieses Wissen zu verdrängen; ja gerade in dieser harten Zeit wird es für sie eine Quelle der Kraft, von der sie spürt, dass sie ihr helfen wird, das anzunehmen und zu ertragen, was auf sie zukommen könnte.

Als der Tod näher rückt und seine dunklen Schatten vorauswirft, blickt Etty ihm ganz bewusst ins Antlitz. Genauer gesagt, sie entschließt sich, ihm in ihrem Herzen einen Platz zu gewähren. Ihr Ja zum Leben wird umso ganzheitlicher, je mehr sie auch zum Tod Ja sagt. Das hat keine pathologischen Züge, sondern ist im Gegenteil Zeichen eines Lebenshungers, der selbst angesichts des drohenden baldigen Todes „nicht kleinzukriegen" ist. Jeder Versuch, sich den unvorstellbaren Gräueln zu entziehen, wäre im Übrigen von vornherein zum Scheitern verurteilt gewesen und lächerlich erschienen. Etty hat darum versucht, die Möglichkeit zu sterben in ihr Leben zu integrieren und sich damit vertraut zu machen – nach dem Motto: Lieber etwas bewusst wählen, als es notgedrungen zu ertragen. Dieses Ja zum Tod war eine entscheidende Etappe auf ihrem inneren Weg. Sie schreibt: „Ich habe unserem Untergang ins Auge geblickt, unserem vermutlich elenden

Untergang, der sich jetzt schon in vielen Kleinigkeiten des täglichen Lebens ankündigt, und diese Möglichkeit habe ich in mein Lebensgefühl einbezogen, ohne dass mein Lebensgefühl dadurch an Kraft verloren hätte … Es klingt fast paradox: Wenn man den Tod aus seinem Leben verdrängt, ist das Leben niemals vollständig, und indem man den Tod in sein Leben einbezieht, erweitert und bereichert man das Leben" (DDH 125f).

Ihr Entschluss war ein gutes Fundament für alles, was auf sie zukommen würde, nicht allein für die schlimmsten Zukunftsszenarien. Denn ihr Ja zum Tod war alles andere als abstrakt; es prägte ihr Leben vielmehr ganz konkret, auch im Alltag. Da so vieles vom Tod sprach: ungezählte Entbehrungen, Verbote und Demütigungen, bemühte sich Etty ab sofort um eine Haltung der Losgelöstheit. Sie war überzeugt, dass „das, was man aus freien Stücken selbst erwirbt, ein besseres Fundament hat und von größerer Dauer ist als das, was sich unter Zwang entwickelt".

So beginnt sie, sich von allerlei liebgewonnenen Dingen zu lösen. Obwohl sie eine Tasse echten Van-Houten-Kakaos sehr zu schätzen weiß und leidenschaftlich gern Honigbrote genießt, begnügt sie sich fortan mit einem einfacheren Frühstück – zur Gewöhnung an eine mögliche Hungerszeit: „Ich werde mich wesentlich leichter an den Gedanken gewöhnen, Abschied nehmen zu müssen, wenn ich dieses Adieu in einer Reihe kleiner

Akte konkretisiere, um nicht vom Schicksal den ‚Fälligkeitsbescheid' wie einen Todesschuss zu bekommen" (VB 164).

In die gleiche Richtung geht ihre Empfehlung an eine Freundin, die sich empörte, weil sie nicht mehr in die Natur hinaus konnte, was sie so sehr gebraucht hätte (den Juden war der Aufenthalt in Parks und öffentlichen Gärten untersagt worden): „Versuche mit den drei Bäumen vor deiner Wohnung zu leben, als wären sie ein Wald." Da schwingt weder Zynismus mit noch schwarzer Humor, auch nicht Resignation. Es ist eher eine Einladung, gegen das Böse alle Ressourcen zu aktivieren, aus den unzerstörbaren Fundamenten zu schöpfen, neue Möglichkeiten zu suchen und zu entwickeln: das genaue Gegenteil einer resignativen Haltung.

Wenn jemand bloß klagt und schmollt wegen eines Unrechts, lässt er sich davon gleich zweifach treffen: zunächst, weil das Unrecht als solches ihm zusetzt, und dann, weil er sich darauf fixiert – was alles verschlimmert. Etty versucht eine andere Strategie: die Aufmerksamkeit von dem erlittenen Schaden oder Nachteil weglenken, den Blick schulen, um lieber in drei Bäumen einen Wald zu sehen, als sich zugrunde richten zu lassen durch schändliche Gesetze, die doch genau dies bezwecken: den Menschen im Menschen zum Schweigen zu bringen! Diesen Gefallen will sie niemandem tun.

Man kann sich vorstellen, welch anspruchsvolle „Herzensbildung" nötig ist, um zu einer derartigen inneren Haltung zu gelangen. Die Unsicherheit, die Entbehrungen, die Verbote, das Provisorische, die bangen Fragen … – all das gilt es zu ergreifen als je neue Gelegenheit, sich auf das Wesentliche zu konzentrieren. „Jeden Tag legst du ein wenig Mittelmäßigkeit ab", schreibt Etty. „Ich merke, wie tausend Fäden mich immer noch an all das binden, was hier ist. Ich müsste sie nacheinander abschneiden und meine Schätze an Bord holen, um nichts zurücklassen zu müssen, wenn ich den Anker lichten werde" (VB 195).

Gewiss, wir leben in anderen Zeiten. Und doch ist das, was sie schreibt, auch heute von Bedeutung. Die Stunde, in der die Anker gelichtet werden, kommt für jeden. Jeder Tag bringt uns dem letzten näher, sagt man. Etty würde es nicht dabei belassen; sie setzt einen anderen Akzent: Jeder Tag, der vergeht, *bereitet uns vor* auf den letzten, wenn wir jetzt schon zumindest ein klein wenig Ja sagen und einwilligen: „… jeden Tag Abschied nehmen. Der wirkliche Abschied ist dann nur noch eine kleine äußerliche Bestätigung dessen, was Tag für Tag in mir vorgegangen ist."

## ZUR REFLEXION

Auf die Gefahr hin, über Ettys Gedanken hinauszugehen: Könnten wir nicht daran denken, was „Adieu“ im ursprünglichen Sinne besagt: A-Dieu, Hin-zu-Gott? Und so die Hoffnung „wagen“, dass jeder Tag, der vergeht, uns dem „ersten Tag“ näher bringt?

Es lohnt, einmal der Frage nachzugehen, ob und wie sich das Leben, das uns geschenkt ist, in vollen Zügen genießen und dabei zugleich die Achtsamkeit wahren lässt für all die Zeichen, die uns mitten im Alltag an eine wichtige Wahrheit erinnern: dass wir hier keine Bleibe auf ewig haben (vgl. Hebr 13,1) …

# VIII – Das Widrige verwandeln

„Zur Erniedrigung sind zwei Leute notwendig: einer, der erniedrigt, und einer, den man erniedrigen will – oder vor allem: der sich erniedrigen lässt. Entfällt das Letztere, ist also die passive Seite gegen jede Erniedrigung immun, dann verpuffen die Erniedrigungen in der Luft. Was übrig bleibt, sind nur lästige Verordnungen, die das tägliche Leben beeinflussen, aber keine Erniedrigung oder Unterdrückung darstellen, die die Seele bedrängen. Zu dieser Einstellung müsste man die Juden erziehen.

Ich radelte heute Morgen über den Stadionkade, genoss den weiten Himmel über dem Stadtrand und atmete die frische, nicht rationierte Luft. Und in der freien Natur überall Tafeln auf den Wegen, die für Juden gesperrt sind. Aber auch über dem einzigen Weg, der uns verblieben ist, wölbt sich der gesamte Himmel. Man kann uns nichts anhaben, man kann uns wirklich nichts anhaben. Man kann es uns recht ungemütlich machen, man kann uns der materiellen Güter berauben, auch der äußeren Bewegungsfreiheit, aber letzten Endes berauben wir uns selbst unserer besten Kräfte durch unsere falsche Einstellung. Weil wir uns verfolgt, erniedrigt und unterdrückt fühlen. Durch unseren Hass. Durch unsere Wichtigtuerei, hinter der sich die Angst verbirgt.

Man darf durchaus manchmal traurig und niedergeschlagen über das uns Angetane sein; das ist menschlich und verständlich. Und dennoch: Den größten Raubbau an uns treiben wir selbst. Ich finde das Leben schön und fühle mich frei" (DDH 114f).

Auf die Frage eines römischen Richters: „Weißt du, dass ich die Macht habe, dich zu töten?", soll ein Märtyrer geantwortet haben: „Aber wisst Ihr, dass ich die Macht habe, mich töten zu *lassen*?!" Etty ruft sich diese schlagfertige Erwiderung ins Gedächtnis. Es ist eine merkwürdige Logik, die unserem gewohnten Denken gänzlich zuwiderläuft. Sie irritiert. Frei bleiben, das uns zugefügte Böse anzunehmen, frei durch das, was wir selber sind? Und als ob das nicht schon mehr als genug wäre, geht Etty noch weiter: „... den größten Raubbau an uns treiben wir selbst" – in Wahrheit sind wir selbst diejenigen, die uns um etwas bringen?! Ungeheuerlich, könnte man denken; doch wir müssen gut hinhören, um zu verstehen, worauf Etty hinaus will.

Während der Krieg die Schlagzeilen der Zeitungen beherrscht, gibt es einen anderen Kampf, der Sache eines jeden Einzelnen ist und der mit Ersterem durchaus in einer Verbindung steht. Um diesen Kampf zu gewinnen, braucht es die nötige Herzensbildung: Wir müssen lernen, die Demütigungen und Anfeindungen zu „entschärfen", wie man Bomben entschärft; „die lästigen Verordnungen, die das tägliche Leben beeinflussen", sollen die Seele „nicht bedrängen". Denn worauf es ankommt, das ist nicht zuletzt „die Art und Weise, wie man trägt und erträgt, wie man ein Leiden auf sich nimmt, das mit dem Leben wesensgleich ist, und durch die Prüfungen hindurch ein kleines Stück seiner Seele intakt zu halten" (VB 167). Was für ein Programm! Es mag Bewunderung verdienen, aber ist es nachzuahmen? Etty ist nach einem langen, immer neuen Ringen mit sich selbst zu diesen Einsichten gelangt, die sie hier preisgibt …

Im Februar 1942 spitzte sich die Lage zu; es wurde ernst. Kein Tag verging ohne Schreckensmeldungen: Mal erfuhr Etty, dass jemand unter der Folter gestorben war, mal hörte sie, dass einer der Professoren oder ein früherer Mitschüler verschwunden waren oder interniert wurden … Und dennoch: Als sie mit einem Freund an einem Wintermorgen mit eiskalten Händen auf die Straßenbahn wartet, sagen sie sich: „Jetzt auf Rache zu sinnen, das wäre zu einfach!" Diese Fähigkeit, den Rachegelüsten zu widerstehen, obwohl es tausend Gründe gäbe, bezeichnet sie in ihrem Tagebuch als „den Funken Hoffnung für diesen Tag".

Ein knappes Jahr zuvor war ihr plötzlich schon ein „erlösender Gedanke" gekommen, „der wie ein zögernder junger Grashalm in einer Wüste voll Unkraut emporschoss: Und sollte es nur noch einen einzigen anständigen Deutschen geben, dann wäre dieser es wert, in Schutz genommen zu werden gegen die ganze barbarische Horde, und um dieses einen anständigen Deutschen willen dürfte man seinen Hass nicht über ein ganzes Volk ausgießen" (DDH 20).

Die „Wüste voll Unkraut", die Palette möglicher Reaktionen auf erlittenes Unrecht ist bekannt: Aufbegehren, der Wunsch, „es dem anderen doppelt heimzuzahlen", allzu einfache Schuldzuweisungen und einseitige Urteile, Ressentiments, Hass, auch Traurigkeit und tiefe Niedergeschlagenheit. Das sind die üblichen spontanen Reaktionen des Menschen auf alles Feindliche und Widrige. Doch Etty kommt mehr und mehr zu der Überzeugung, dass dieser Weg, „der einfachste und am meisten beschrittene", nichts bringt. Schlimmer noch: Er trägt dazu bei, dass sich das Krebsgeschwür des Bösen ausbreitet …

Für Etty gibt es nur einen Ausweg: daran zu arbeiten, die Rachegefühle im eigenen Herzen auszulöschen. Sie ist zutiefst überzeugt: „Das kleinste Atom an Hass, das dieser Welt hinzugefügt wird, macht sie noch unwirtlicher, als sie bereits ist." Darum erachtet sie es als „unsere einzige moralische Pflicht, in uns selbst weite Lichtungen des Friedens zu schaffen und diese nach und nach auszuweiten, bis dieser Friede auf die anderen ausstrahlt"; denn „je mehr in den Menschen der Friede herrscht, desto mehr Frieden wird es auch in dieser Welt voller Aufruhr geben" (VB 227). „Lichtungen des Friedens schaffen", das kann unerwartete Formen annehmen. Eines Tages ertappt sich Etty dabei, dass ihr mehrfach herausrutscht: „Das ist ein echter Saustall hier!" Sie ruft sich selbst zur Raison: „Warum sage ich das so oft? Es setzt sich fest, zieht Kreise und macht die Atmosphäre kaputt" (VB 188). Ihre Feststellung trifft ins Schwarze: So sensibel, wie wir für Umweltfragen sein sollten, so sorgsam sollten wir auf die mögliche „Klimazerstörung" durch Worte und Gedanken achten. Das Herz, die Gedanken und Lippen zu schützen vor allem, was einem selbst und anderen schadet und der Welt die Schönheit nimmt, das ist eine ebenso wichtige wie schwierige „Hygiene". Um sich selbst dabei zu helfen, übt sich Etty in einer speziellen Sicht auf die Wirklichkeit; denn alle „Herzensbildung" geht nicht zuletzt über das rechte Sehen.

Was sieht Etty? Gewiss auch die allgegenwärtigen Aushänge mit Verordnungen und die Verbotstafeln für die Juden. Aber vor allem sieht sie durch sie hindurch und über sie hinaus: Sie sieht den Himmel. Den Himmel, der über sie ausgebreitet ist: „Ich radelte heute Morgen über den Stadionkade, genoss den weiten Himmel … Und in der freien Natur überall Tafeln auf den Wegen, die für Juden gesperrt sind. Aber auch über dem einzigen Weg, der uns verblieben ist, wölbt sich der gesamte Himmel." Der Himmel wird für sie zum Symbol ihrer inneren Freiheit, eine Erinnerung an das, was unantastbar ist: „Man kann uns nichts anhaben, man kann uns wirklich nichts anhaben." Und selbst wenn man ihr alles nähme: der Himmel mit der allgegenwärtigen „frischen, nicht rationierten Luft" bliebe ihr und würde sie weiter beherbergen.

Genau einen Monat vor ihrer Deportation schrieb Etty noch: „In der Ferne sehe ich von meinem Liegewagenplatz aus, wie die Möwen vor einem uniformen grauen Himmel ihre Kreise ziehen. Sie sind genau wie die freien Gedanken in einem weiten Geist" (VB 307).

Am Tag zuvor hatten sich in den Wasserpfützen ein Regenbogen, der sich über das Lager spannte, und die Sonne gespiegelt. Etty war glücklich – ein Beispiel, wie sie die hart erlernte, behutsam angeeignete innere Haltung praktisch umsetzte: die Füße im Schlamm, doch mit dem Herzen im weiten, geöffneten Himmel. Eingespannt zwischen diesen gegensätzlichen Polen, zwischen denen sich die Wirklichkeit entfaltet, hält sie sich aufrecht. Weil sie bereit ist, nicht vor dieser Spannung zu flüchten.

In jedem Leben gibt es Enttäuschungen und allerlei Gründe, bitter zu werden. Die Realität ist oft hart, wir erleben Kränkungen und Verletzungen , Widerstand und vielleicht sogar offene Feindschaft. Wir können darauf in einer Weise reagieren, dass wir uns, wie Etty schreibt, „letzten Endes … selbst unserer besten Kräfte berauben", und zwar gerade „durch unsere falsche Einstellung". Es ist oft ein harter Kampf, den wir zu bestehen haben, doch wir können lernen, den Blick und das Herz auf den Himmel zu richten. Zumindest nach oben in den „materiellen" Himmel … Das mag wenig erscheinen und ist doch schon viel.

Gewiss, wie der Kampf ausgeht, das hängt nicht nur von uns ab. Aber wir haben die Freiheit, den noch so zerbrechlichen, vielleicht noch ganz schwachen Wunsch wachzuhalten, dass unser Herz nicht infiziert wird von all dem, was es bedrängt und angreift.

## ZUR REFLEXION

Ettys Erfahrung ist eine Einladung, den Frieden des Herzens zu finden – mitten in dem vielstimmigen Konzert von Gefühlen, Worten und Begegnungen, selbst bei Ereignissen, die uns den Frieden nehmen könnten …

Heißt Beten nicht auch, im inneren Gespräch mit Gott immer mehr dahin zu kommen, dass er über mich verfügen kann, gerade in Zeiten und Situationen, wo dieser Friede am meisten bedroht ist?

Wage ich, ihm zu sagen, was mich bedrängt, was mir den Frieden nimmt?

## IX – Ich will dir helfen, Gott

„Ich will dir helfen, Gott, dass du mich nicht verlässt, aber ich kann mich von vornherein für nichts verbürgen. Nur dies eine wird mir immer deutlicher: dass du uns nicht helfen kannst, sondern dass wir dir helfen müssen, und dadurch helfen wir uns letzten Endes selbst. Es ist das Einzige, auf das es ankommt: ein Stück von dir in uns selbst zu retten, Gott. Und vielleicht können wir mithelfen, dich in den gequälten Herzen der anderen Menschen auferstehen zu lassen.

Ja, mein Gott, an den Umständen scheinst auch du nicht viel ändern zu können, sie gehören nun mal zu diesem Leben. Ich fordere keine Rechenschaft von dir, du wirst uns später zur Rechenschaft ziehen. Und mit fast jedem Herzschlag wird mir klarer, dass du uns nicht helfen kannst, sondern dass wir dir helfen müssen und deinen Wohnsitz in unserem Inneren bis zum Letzten verteidigen müssen.

Es gibt Leute, es gibt sie tatsächlich, die im letzten Augenblick ihre Staubsauger und ihr silbernes Besteck in Sicherheit bringen, statt dich zu bewahren, mein Gott. Und es gibt Menschen, die nur ihren Körper retten wollen, der ja doch nichts anderes mehr ist als eine Behausung für tausend Ängste und Verbitterung. Und sie sagen: Mich sollen sie nicht in ihre Klauen bekommen! Sie vergessen, dass man in niemandes Klauen ist, wenn man in deinen Armen ist.

Ich werde allmählich wieder ruhiger, mein Gott, durch dieses Gespräch mit dir. Ich werde in der nächsten Zukunft noch sehr viele Gespräche mit dir führen und dich auf diese Weise hindern, mich zu verlassen. Du wirst wohl auch karge Zeiten in mir erleben, mein Gott, in denen mein Glaube dich nicht so kräftig nährt, aber glaube mir, ich werde weiter für dich wirken und dir treu bleiben und dich nicht aus meinem Inneren verjagen“ (DDH 149f).

Ende Juni 1942 gab die polnische Exilregierung in London über den Rundfunk bekannt, dass 700 000 Juden in Polen und in anderen besetzten Gebieten ermordet worden seien. Etty notiert diese Mitteilung am 29. Juni in ihrem Tagebuch. Die Deportation der niederländischen und anderer europäischer Juden ist ganz offenkundig beschlossene Sache; es besteht kein Zweifel mehr. Vier Tage darauf, am 3. Juli, erfasst Etty die Nachricht in ihrer ganzen Tragweite: „Es geht um unseren Untergang und unsere Vernichtung, darüber sollte man sich keinerlei Illusionen machen. Man will unsere völlige Vernichtung ...“ (DDH 123).

Die immer neuen antijüdischen Verordnungen sind bedrückend. Am 29. April wird das Tragen des gelben Judensterns Pflicht. Seit Mai/Juni 1942 muss sich Etty an festgesetzte Sperrstunden halten, sie kann nicht mehr telefonieren und ist gezwungen, Obst und Gemüse in gesonderten Läden „nur für Juden" zu kaufen. Nach Razzien und Massenverhaftungen kommen Tausende Juden ins Durchgangslager Westerbork. Am 11. Juli 1942 notiert sie einige Gerüchte, die in Umlauf sind, so auch, dass in Deutschland Juden lebendig begraben und vergast werden.

„Wo ist nun dein Gott?" (Psalm 42,11), fragen Zeitgenossen voller Häme angesichts des Schweigens Gottes, der abwesend scheint. Es ist die bohrende Frage, die die Schoah an unseren Glauben wie an unsere Kultur richtet; es ist die Frage, die sich bei jeder Tragödie immer wieder in aller Schärfe stellt.

Auch Etty stellt sich diese Frage. Und sie stellt sie uns. Klug, ja messerscharf sind ihre Überlegungen. Zunächst wehrt sie allzu simple Anklagen Gottes ab: „Gott ist uns keine Rechenschaft schuldig für die Verrücktheiten, die wir selbst begehen. W i r sind Rechenschaft schuldig" (DDH 120). „Wenn das Leben zu dem geworden ist, was es ist, dann ist das nicht Gottes Sache, sondern die unsere" ( VB 166). Die schrecklichen Gräuel klagen nicht Gott an, sondern stellen den Menschen infrage. Dass die Hölle eine Erfindung der Menschen ist, das erscheint Etty vollkommen klar (vgl. VB 241). Doch sie bleibt nicht dabei stehen. Ihr Nachdenken bringt sie einen Schritt weiter in ihrer fortschreitenden Entdeckung Gottes: von einem „Gott ihres tiefsten Inneren“, den sie durch all den „Schutt und das Chaos in ihrem Brunnen“ gefunden hat, hin zur Erkenntnis, dass Gott jemand zu sein scheint, der an den schrecklichen Umständen offenbar auch nicht viel ändern kann. Etty verbleibt in der Präsenz dieses Gottes, der sich in der Tragödie ihres Volkes eher ohnmächtig denn abwesend zeigt.

Wenn der Mensch auf die Götter, die er sich unablässig selber macht, verzichtet: auf den „Gott“, den er „braucht“, auf den „Alibi-Gott“, der da sein muss, wenn er selbst ängstlich oder feige ist, auf den „Lückenbüßergott“ … – wenn er auf all diese verzichtet, was bleibt dem Menschen dann? Etty beginnt es zu erahnen: ein geheimnisvolles Feuer, das zu erlöschen droht, wenn der Mensch es nicht durch sein Vertrauen nährt. Sie will Gott helfen, dass er in ihr nicht erlischt. In ihrem Herzen tanzt eine kleine, flackernde Flamme – und das ist etwas ungemein Großes, das sie selbst übersteigt. Sie gelangt zu einer ganz neuen Vorstellung der Beziehung zu Gott: Gott ist nicht einer, zu dem man eilt, um Hilfe zu erbetteln, sondern jemand, dem wir helfen können: „… mit fast jedem Herzschlag wird mir klarer, dass du uns nicht helfen kannst, sondern dass wir dir helfen müssen und deinen Wohnsitz in unserem Inneren bis zum Letzten verteidigen müssen.“ Eine ungeheure Entdeckung. In ihren Aufzeichnungen wird sie zu einem Leitmotiv:

„Und wenn Gott aufhört, mir zu helfen,
dann werde ich Gott helfen!"

Fünf Tage vor ihrer Deportation nach Auschwitz vertraut Etty einer Freundin namens Maria an: „Wir sind vom Leid gezeichnete Kreaturen geworden. Und dennoch ist dieses Leben in seiner nicht zu fassenden Tiefe überraschend gut, Maria, ich komme immer wieder dahin. Sowenig wir auch tun können: Trotz allem soll Gott bei uns in guten Händen sein" (VB 343).

„Sowenig wir auch tun können ...", schreibt sie; doch es ist gerade dieses „Wenige", das Etty mit allergrößter Sorgfalt hütet. Als sie sich am Abend, auf dem Bett liegend, innerlich sammelt, empfindet sie eine solche Dankbarkeit, dass ihre Augen feucht werden; tiefe Rührung überkommt sie. „Das ist mein Gebet", sagt sie schlicht und einfach. Ihr Gebet, das ist jener heilige Punkt der Begegnung zwischen ihr und Gott – in ihrer beider Verwundbarkeit, die sie einander schenken. Denn auch Gott ist verwundbar, es macht ihn leiden, dass seine Geschöpfe, von einer Welle der Gewalt erfasst, sich gegeneinander erheben. Weil er in seiner Liebe niemandem gewaltsam sein Gesetz aufzwingt, setzt er sich dem Risiko aus, abgewiesen zu werden: Das ist Gottes Leiden, so ganz anders als unser Leiden unter der Erfahrung, nicht lieben zu können. Gottes Leiden ist vielmehr zuinnerst mit seiner Liebe verbunden, einer Liebe, die den anderen – uns Menschen – unentwegt in die Freiheit entlässt.

Es kann geschehen, dass wir in einer Weise und zu einem Zeitpunkt, die uns selbst überraschen, zu „Verbündeten" dieses göttlichen Leidens werden: Wir leiden sein Leiden mit. Etty hat genau das erlebt. Und dann merkt sie, dass derjenige, dem sie angeboten hatte, bei ihr „in guten Händen" zu sein, jetzt ihrerseits ihr bedingungsloser Halt ist: „Wir sind in niemandes Klauen, wenn wir in deinen Händen sind." Gottes Hände bewahren nicht vor dem physischen Tod, wohl aber vor etwas, was weit gefährlicher ist: vor dem Tod Gottes in der Seele. Das „ist das Einzige, auf das es ankommt: ein Stück von dir in uns selbst zu retten, Gott".

Wir stehen vor einem gewaltigen Wandel im Gottesbild: von einem alles vermögenden Gott, den wir um alles Mögliche bitten, hin zu jenem Gott, der schutzlos und verwundbar ist und uns bittet. Etty hört und erhört Gottes Gebet. Es zieht sie dahin, wo Menschen in Not und einsam sind; sie geht auf sie zu, um Gott in den Bedrängten und Leidenden „zutage zu fördern". Für Etty ist das nicht eine Entscheidung für mehr Mitmenschlichkeit und aktives Engagement (das ist sowieso an seine Grenzen angelangt); es ergibt sich wie von selbst aus dem, wovon ihr Herz überfließt. Es ist die Gegenseitigkeit einer großen Liebe.

„Keine heroischen Illusionen … Ich gebe es auf, mir einzubilden, ich könnte den anderen helfen. Gott helfen, wie es möglich ist, und wenn mir das gelingt, nun, dann werde ich auch für die anderen da sein."

Gott helfen, wie es möglich ist, damit er nicht in uns erlischt … Etty vermittelt uns hier ein großes Geheimnis. Die Erkenntnis der „Ohnmacht Gottes" ist etwas ganz anderes als die Behauptung seiner Nichtexistenz: Wo der Atheismus Grund sieht, diesen „unnützen" Gott fallen zu lassen, da findet Etty eine unerhörte Stärke.

## ZUR REFLEXION

Am Ortseingang eines französischen Dorfes steht an einer Wegkreuzung ein altes Kruzifix. Der Korpus hat keine Arme, die Füße sind abgebrochen. Eine leicht verblichene Inschrift lautet: „Gott hat keine anderen Arme als die deinen …" – Wenn der Gott, den ich bitte, in Wahrheit der Gott wäre, der mich bittet, ihm zu helfen, dass er nicht erlischt, dass er nicht stirbt in mir und um mich herum …?

# X – Jeder Tag hat genug eigene Plage

„Gebet am Sonntagmorgen. Es sind schlimme Zeiten, mein Gott. Heute Nacht geschah es zum ersten Mal, dass ich mit brennenden Augen schlaflos im Dunkeln lag und viele Bilder menschlichen Leidens an mir vorbeizogen. Ich verspreche dir etwas, Gott, nur eine Kleinigkeit: Ich will meine Sorgen um die Zukunft nicht als beschwerende Gewichte an den jeweiligen Tag hängen; aber dazu braucht man eine gewisse Übung. Jeder Tag ist für sich selbst genug" (DDH 149).

„Ein unvergesslicher Freund, dessen friedliches Ende mich jeden Tag mit Dankbarkeit erfüllt, hat mich beizeiten diese große Lektion in Matthäus 24 [es müsste heißen: 6,34] gelehrt: ‚Sorgt euch nicht um morgen; denn der morgige Tag wird für sich selbst sorgen. Jeder Tag hat genug eigene Plage.' Das ist die einzige Haltung, in der du für das Leben hier gerüstet bist. Und so lege ich auch jeden Abend mit einer gewissen inneren Ruhe meine vielen irdischen Sorgen Gott zu Füßen. Oft sind es reichlich triviale Sorgen, zum Beispiel wenn ich mich frage, wie ich es schaffen soll, die Wäsche der ganzen Familie zu waschen usw. Die wahren, die großen Sorgen haben ganz aufgehört – sie sind zu einem Schicksal geworden, mit dem wir inzwischen zusammengewachsen sind" (VB 302, Brief vom 31.7.1943).

Das erste Zitat stammt – wie der eingangs des vorigen Kapitels zitierte Ausschnitt – aus dem langen „Gebet am Sonntagmorgen" vom 12. Juli 1942. Dieser Text verdiente es, einmal ganz und in seinem Zusammenhang gelesen zu werden (vgl. DDH 149f). Vergegenwärtigen wir uns hier kurz den Kontext, in dem er entstand, um den Kern besser zu erfassen. Der Juli 1942 war in vieler Hinsicht ein entscheidender Monat, sowohl in Ettys persönlicher wie in der politischen Entwicklung. Sie hatte auf ihre Weise versucht, sich auf die bevorstehende „Schreckenszeit" vorzubereiten. Doch kann man sich wirklich auf das Schlimmste vorbereiten? Und wenn ja, wie?

Sehr bald hatte Etty geahnt, dass ihr Widerstand von besonderer Natur sein würde: „Nicht in der Politik oder in einer Partei kämpfen, sondern in sich selbst" (VB 76). Jetzt ist es diese „existenzielle Widerständigkeit", die ihr Halt und Kraft gibt, nicht vor dem wohl vorausgeahnten Schicksal zu fliehen. Doch es ist schwer für sie, sich ihrer Umgebung verständlich zu machen. Angesichts der dramatischen Entwicklung drängt ihr Bruder Jaap sie, sich zu ihrem Schutz um einen Job im Judenrat zu bewerben, was ihr vorläufig die „Zwangsarbeit" erspart hätte. Etty widerstrebte ein solcher Schritt; diese höchst zwiespältige Einrichtung diente in ihren Augen nur als Deckmantel. Dennoch kam sie am 14. Juli Jaaps Bitte nach, widerwillig und nicht ohne Schuldgefühle.

In der völligen Verunsicherung, wie es weitergehen würde, entsteht das „Gebet am Sonntagmorgen". Sie spricht von einer furchtbaren, angsterfüllten Nacht, in der „viele Bilder menschlichen Leidens" an ihr vorbeizogen. Nichts ist schlimmer als die Angst, die einen überkommt, wenn in schlaflosen Nächten ein infernalischer Film vor dem geistigen Auge abläuft … Angefochten, aber nicht besiegt steht Etty nach dem ungleichen Kampf mit der Dunkelheit auf – mit einem „kleinen" Versprechen auf den Lippen: „Ich verspreche dir etwas, Gott, nur eine Kleinigkeit: Ich will meine Sorgen um die Zukunft nicht als beschwerende Gewichte an den jeweiligen Tag hängen, aber dazu braucht man eine gewisse Übung."

Das ist alles andere als „eine Kleinigkeit": In ihren Worten liegt eine Kraft, die nicht aus ihr selbst zu kommen scheint. Sie will darauf achten, dass die Sorgen nicht wie eine Last an dem jeweiligen Tag hängen, sondern sich von den Gewichten lösen, die den „Ballon des Lebens" am Aufsteigen hindern … In ihrer bilderreichen Sprache bringt sie einen weiteren Vergleich: „Man muss sie täglich bekämpfen wie Flöhe, die vielen kleinen Sorgen um die kommenden Tage, die an den besten Kräften im Menschen nagen" (DDH 192).

Haben wir schon einmal bemerkt, wie verheerend sich Sorgen und die Ungewissheit in unserem Innern auswirken können? Viele, die meinten, genügend Klarheit und Licht für ein ganzes Leben zu haben, sind alsbald eines Besseren belehrt worden: Eine Winzigkeit kann genügen, um einen tief zu verunsichern und einem die Hoffnung zu nehmen; alles scheint wegzubrechen. Was anfangs so klein und unwichtig schien, nimmt plötzlich allen Raum in einem Menschen ein …

Etty weiß aus eigener Erfahrung, wohin das führen kann und wie schädlich die innere Unruhe für das geistliche Leben ist. Was wird aus einem Herzen, das voll ist von Sorgen? Ist es nicht der Ort, wo Gott wohnt? Will er nicht im Inneren eines jeden Menschen Wohnung nehmen? Etty rät, sich „nicht von den vielen kleinen Ängsten und Sorgen anstecken zu lassen, die ebenso viele Anzeichen von Misstrauen gegen Gott sind" (DDH 192). Leichter gesagt, als getan.

Grund zur Sorge hatte Etty wahrlich genug. Das Essen war rationiert, die Gesundheit machte ihr zu schaffen, es gab Scherereien mit den Behörden … Und abgesehen von den Sorgen, „die ihre Person betrafen", gab es noch beängstigendere, „die sie persönlich betrafen": die Sorgen um dasjenige und um diejenigen, die ihr das Teuerste und Liebste waren. „Die Unruhe, die deine Nächsten dir verursachen, nagt mehr als alles andere an dir" (VB 280), stellt sie fest.

Große Sorgen bereitet ihr nicht zuletzt Spiers kritischer Gesundheitszustand. „Gott, mein Gott, du wirst mich doch nicht abreisen lassen, solange er noch krank ist!" (NG 539). Ausgerechnet er, dessen schier unerschütterliche Kraft sie so bewundert, ja fast beneidet hat, ist jetzt so geschwächt … Etty hatte ihn am 31. Dezember 1941 beim Besuch eines Lungenspezialisten begleitet; er war krank. Dass die Krankheit so rapide voranschreiten würde, war nicht vorherzusehen. Ja, sie hatte wahrlich Grund genug, sich um ihn zu sorgen, doch wollte sie sich nicht davon gefangen nehmen lassen: „Man muss sogar die Sorgen um die anderen, die man liebt, fallen lassen" (DDH 137f).

Sosehr ihr das theoretisch klar ist: auch der stärkste Wille ist kaum zu einer solchen Losgelöstheit fähig. Wer könnte einen geliebten Menschen so vertrauensvoll loslassen? Aber es kann einem geschenkt werden.

Ein Jahr, bevor der Tod Spier dahinraffte, erinnert sich Etty an „die große Lektion", die er ihr beigebracht, mehr noch: die umzusetzen er ihr einfühlsam geholfen hat: „Sorgt euch nicht um morgen … Jeder Tag hat genug eigene Plage." – Dass Etty dieses Wort bald darauf im Blick auf Spier helfen könnte, war damals nicht vorherzusehen. Jetzt aber fand sie darin die Kraft, die sie brauchte.

Manchmal erleben wir, wie die Offenheit für das, was uns jeweils zugespielt wird, uns im richtigen Moment eine Ruhe finden lässt, zu der wir von uns aus nie gefunden hätten.

## ZUR REFLEXION

Jeden Morgen beim Aufstehen oder am Abend beim Zu-Bett-Gehen, vielleicht auch zwischendurch am Tag, sind wir eingeladen, unsere Ängste, die kleinen und großen Sorgen „Gott zu Füßen zu legen", wie Etty es nennt. Im Übrigen ist ja nicht gesagt, dass immer das Schlimmste käme … Es wird sich schon alles im rechten Rhythmus fügen und in einem tiefen Sinn in Ordnung kommen: in „die Ordnung des Vertrauens".

> „Sorgt euch nicht um morgen …
> Jeder Tag hat genug eigene Plage."
> (Matthäus 6,34)

# XI – Ich finde das Leben so schön

„Und nun liegt da nur noch eine sterbliche Hülle auf dem vertrauten Bett ... Wird jetzt von mir erwartet, dass ich ein trauriges oder feierliches Gesicht aufsetze? Ich bin ja nicht traurig. Ich möchte meine Hände falten und sagen: Kinder, ich bin so glücklich und dankbar, und ich finde das Leben so schön und sinnvoll. Jawohl, schön und sinnvoll, während ich hier am Bett meines toten Freundes stehe, der viel zu jung gestorben ist, und obwohl ich jeden Augenblick in eine unbekannte Gegend deportiert werden kann. Mein Gott, ich bin dir so dankbar für alles" (DDH 175).

„Immer wieder steigt wie eine kleine, wärmende Welle das Gefühl in mir auf, auch nach den schwersten Augenblicken: Wie ist das Leben doch schön! Es ist ein unerklärliches Gefühl. Es findet auch keinerlei Halt an der Realität, in der wir jetzt leben. Aber gibt es nicht auch andere Realitäten außer denen, die man in der Zeitung liest und in den gedankenlosen, erregten Gesprächen aufgeschreckter Menschen findet? Es gibt auch die Realität dieses kleinen rosaroten Alpenveilchens und des großen Horizontes, die man auch im Lärm und im Wirrwarr dieser Zeit immer wieder entdecken kann" (DDH 187f).

„Ich finde das Leben so schön …" Ist das etwa der Refrain eines mit gezwungenem Lächeln gesungenen Mut-mach-Lieds? Eine Beschwörungsformel? Ein Slogan, den sie sich einhämmert, um selbst daran zu glauben? Oder eine Art „positives Denken", mit dem sie sich das Leben schöner redet, als es in Wahrheit ist? Nein, nichts von all dem. Und wenn man von einem Refrain sprechen möchte, der Etty lieb und teuer geworden ist, dann gilt es sehr genau hinzuhören, um zu verstehen, was er besagt!

Der Mensch, den Etty voller Zärtlichkeit als ihren „lieben, großen und guten Freund" bezeichnet, ist nicht mehr … Ihr war das Privileg zuteil geworden, im Leben dieses „großen Entschlüsselers", dieses „großen Gottsuchers und -finders" lesen zu können – bis zur letzten Seite. Der Verlust des Menschen, der ihr so viel bedeutete, hätte sie vor Kummer vergehen lassen können. Aber nein, sie verspürt im Gegenteil einen erstaunlichen Frieden und Dankbarkeit. Ihr Bekenntnis verblüfft, aber sie kann nicht umhin, zu sagen, was sie empfindet: „Ich finde das Leben so schön und sinnvoll. Jawohl, schön und sinnvoll …" Dieses Credo ist nicht Ausdruck einer intellektuellen Gewissheit. Es ist ein tiefes Empfinden, das mit der Zeit stärker und fester geworden ist. So stark, dass sie selbst in der Stunde, da sie von ihrem Freund Abschied nehmen muss, spürt: Das Leben ist von einer unzerstörbaren Schönheit.

Und doch, die äußeren Gegebenheiten sind, wie sie sind. Was passiert, ist schrecklich und scheint Etty zu widerlegen. Ist sie blind für die Realität, wenn sie schreibt, das Leben sei schön!? Lebt sie in Illusionen? Oder verbirgt sich hinter ihren Worten ein Geheimnis, dem nachzugehen lohnt? Ein erster Hinweis, der zu einer Antwort führen kann, ist eine ebenso verstörende wie wunderbare Zeile in ihrem Tagebuch: „Wir kamen an Jasminsträuchern, kleinen Rosen und deutschen Wachposten vorbei." – Etty betrachtet die Wirklichkeit im „Panoramablick", in ihren vielen unterschiedlichen Facetten. Nichts schließt sie aus, nichts verabsolutiert sie. Und in dem Kontext von Blüten und Blumenduft bekommt auch das Wort „Wachposten" einen anderen Klang. Es schreckt auf, ja. Aber die Wachposten sind eben nicht alles.

An einer anderen Stelle wird sie schreiben, dass „ein Gedicht von Rilke genauso wirklich" sei „wie der Fall eines jungen Mannes aus dem Flugzeug". Um sie nicht falsch zu verstehen: Das ist keine Geringschätzung menschlichen Lebens, sondern die Einladung, sich die hellen Seiten der Wirklichkeit nicht durch das Tragische und Düstere verstellen zu lassen – und umgekehrt. Das Leben ist ein großes Ganzes mit vielen Seiten. Etty schreibt: „Das Leben ist schön und sinnvoll noch in seiner Sinnlosigkeit, wenn man nur allen Dingen einen Platz im Leben einräumt und das ganze Leben als Einheit in sich aufnimmt, sodass es dennoch zu einem geschlossenen Ganzen wird. Und sobald man Teile davon ausschließt und ablehnt, sobald man eigenmächtig und willkürlich dies eine vom Leben annimmt, jenes andere aber nicht, ja, dann wird es in der Tat sinnlos, weil es nun kein Ganzes mehr ist und alles willkürlich wird" (DDH 128).

Täuschen wir uns nicht: Etty geht es keineswegs darum, die Wirklichkeit schönzureden oder ihre Härte zu leugnen, um sich selbst zu schützen. Was passiert, geht sie an, trifft sie, tut ihr weh; ihre Aufzeichnungen sind durchzogen von Berichten über Ausschreitungen, Demütigungen und Verboten, die sie selbst miterlebt hat oder die ihr zugetragen worden sind. Sie hat unter vielem, auch Alltäglichem gelitten. Zum Beispiel, dass sie in keine Straßenbahn steigen durfte oder an einem strahlenden Sonnentag nicht auf der Terrasse eines Cafés neben einem Freund Platz nehmen konnte … Etty musste vieles einstecken und verkraften; sie konnte ein Lied davon singen, was es heißt, müde, verängstigt, niedergeschlagen oder krank zu sein.

Aber gerade diese tiefen menschlichen Empfindungen sind der Ort, wo sich ihr mehr und mehr eine „Spur der Ewigkeit" zu erkennen gibt; Zeit und Raum werden überwunden, sie fühlt sich solidarisch mit dem Schicksal so vieler Menschen zu allen Zeiten und an allen Orten. Ob sie Kälte oder Hitze verspürt: sie weiß, dass andere das

Gleiche verspüren. Sie steht an ihrem Platz, aber der gehört zu dem großen Strom des Lebens. Sie flüchtet sich nicht einfach in den Augenblick, sondern versucht im Hier und Jetzt, auch im schwierigsten Alltag, einen möglichen Sinn aufzuspüren – mit einem Blick, der die Menschen anders und neu sieht, in einer Dimension, die sie selbst übersteigt. Wir rühren hier an den Kern „religiöser" Erfahrung.

Wie schön das Leben doch ist!, dieser leitmotivische Ausruf gewinnt von daher sein besonderes Gewicht. Es ist ein untergründiges Wissen, das immer stärker wird, eine Art unüberhörbares Flüstern – man denkt an Galilei, der auf Knien dem Heliozentrismus abschwören musste, um dann, sich erhebend, zu murmeln: „Und sie (die Erde) bewegt sich doch!" Trotz allem: Das Leben ist schön! Das ist Ettys Bekenntnis in einer Situation, in der sie aufs Ärgste bedrängt wird. Sie besteht darauf, hält daran fest – trotz allem, und sie wiederholt es gebetsmühlenartig: Doch, das Leben ist schön! Dieses Wort steht über ihrem Leben.

Kaum vier Wochen vor ihrer Deportation, als ihr Domizil „ein Eisenbett auf einem von Stacheldraht umzäunten Erdloch" war, verspürte Etty das Bedürfnis, noch einmal auf dieses Thema einzugehen. Hin und wieder hatte man ihr gesagt, sie sehe immer nur die positiven Seiten und stelle bei allem nur das Beste heraus. Doch das lag ihr fern; sie sträubte sich gegen dieses tiefe Missverständnis: „Ich habe nie das Gefühl, dass ich aus irgendetwas das Beste machen müsse, alles sei immer gut, so wie es ist. Jede Situation, so elend sie auch sei, ist etwas Absolutes und hat das Gute und Schlechte in sich eingeschlossen" (DDH 215f, Brief vom 11.8.1943).

In Ettys Notizen wimmelt es geradezu von Blumen: von Tulpen, Sonnenblumen, Krokussen, Orchideen, Narzissen … Der Schweizer Lyriker Philippe Jaccottet schrieb einmal: „Die höchste Kunst des Schriftstellers besteht nicht darin, das Trübe zu vergessen oder wegzuwischen, indem er sich den Blumen zuwendet, sondern darin, selbst dem Schlimmsten noch einen wohlriechenden Duft zu entlocken." Etty hätte das sofort unterschrieben. Aber sie sagt noch mehr. Wenn sie in ihrem Tagebuch Anemonen, Rosen, Geranien, Lilien, Alpenveilchen und andere Blumen „blühen lässt", dann ist das eine Einladung, die Sinne zu schärfen: Seht, eine solche Fülle an Schönheit und Güte schenkt uns das Leben! Wie könnten wir es nicht bejahen?! Es gibt sehr wohl Hässliches, ja Ekelerregendes und Böses, aber das alles kann – wenn wir ihm nicht die Macht dazu geben – nicht verhindern, dass uns das Schöne immer wieder aufleben lässt!

Am 22. Juli 1942 hat Etty, obwohl es regnete, obwohl sie Blasen an den Füßen hatte und obwohl es ein schwerer Tag gewesen war, einen Blumenverkäufer gefunden, der mit einem Karren unterwegs war. Sie kaufte einen großen Strauß Rosen. „Viele sagen mir: Wie kannst du noch von Blumen träumen?“, notierte sie tags darauf. Ihre ebenso tiefe wie einfache Antwort gibt jenseits der Worte einen Einblick in ihr Herz, in ihr freies, trotz allem immer wieder erneuertes Ja, in ihren Glauben an das Leben: „Ich bin schon tausend Tode in tausend Konzentrationslagern gestorben … Auf eine oder andere Art ist mir das alles bewusst. Und doch finde ich das Leben schön und sinnvoll. Jede einzelne Minute“ (DDH 120).

## ZUR REFLEXION

Etty bekennt im Gespräch mit Gott, „dass es gut und schön ist, in deiner Welt zu leben, trotz allem, was wir Menschen einander antun“ (DDH 171). Der Schrei des Herzens und der Lobpreis Gottes fallen hier ineins.

Vermögen wir unseren Blick so zu lenken, dass wir das Schöne und das Gute entdecken, obwohl die Umstände oft eine ganz andere Sprache sprechen?

Etty kaufte bei einem Blumenhändler einen Rosenstrauß, der sie – trotz allem – an das Schöne und Gute erinnerte … Welches konkrete, einfache Zeichen könnte ich in diesem Sinne heute setzen?

## XII – Geschehen lassen

„Ich möchte so gern gesund sein. Ich grüble jetzt zu viel über meine Gesundheit nach, und das ist natürlich nicht gut. Lass dieselbe große Unbewegtheit in mir sein, die heute früh in deinem grauen Morgen war. Lass meinen Tag aus mehr bestehen als nur aus Sorgen um den Körper. Das ist immer mein letztes Heilmittel: aus dem Bett springen und in einer stillen Zimmerecke niederknien. Ich will dich auch nicht zwingen, mein Gott: ‚Mach mich in zwei Tagen gesund!' Ich weiß, dass alles langsam wachsen muss, dass es ein langwieriger Prozess ist.

Es ist jetzt kurz vor 7 Uhr. Ich werde mich von Kopf bis Fuß mit kaltem Wasser waschen und mich dann wieder ins Bett legen und still liegen, totenstill. Ich werde nicht mehr in dieses Heft schreiben und versuchen, nur still dazuliegen und ein Gebet zu sein. Es ist schon so oft vorgekommen, dass ich mich ein paar Tage lang so elend fühlte, dass ich glaubte, mich wochenlang nicht erholen zu können, und dann war nach ein paar Tagen alles wieder weg. Aber jetzt verhalte ich mich nicht richtig, ich will etwas erzwingen. Wenn es einigermaßen möglich ist, möchte ich am Mittwoch gern reisen. Ich weiß wohl: So wie ich jetzt bin, hat die Gemeinschaft nicht viel an mir, ich möchte gern wieder gesünder sein. Ich darf die Dinge nicht wollen, ich muss die Dinge in mir geschehen lassen, und dazu bin ich jetzt nicht imstande. Nicht mein, sondern dein Wille geschehe“ (DDH 199f).

Als Etty diese Zeilen schreibt, hat sie schon zwei kurze Arbeitsaufenthalte im Übergangslager Westerbork hinter sich. Sie hat keine Ruhe, bis sie wieder an diesem ungeschützten, nach allen Seiten offenen Ort ist, um „inmitten dieser von verfolgten und gehetzten Menschen bewohnten Baracken" zu sein. Doch ihr Gesundheitszustand lässt es nicht zu. Und sie ist beunruhigt; denn sie fühlt sich nicht gut. So sehr wünscht sie sich, ihr Tag möge „aus mehr bestehen als nur aus Sorgen um den Körper". Das ist mehr als ein frommer Wunsch, es ist ein Gebet.

Ihr Leben lang musste Etty versuchen, mit den Kapriolen ihres Körpers zurande zu kommen. Ihr Tagebuch ist voll von entsprechenden Bemerkungen. Der Organismus meldet sich auf alle mögliche Weise zu Wort; sie hat Bauchweh, Magenverstimmungen, Phasen großer Müdigkeit, Übelkeit und Schwindel, Kopfschmerzen, die ihr förmlich „den Schädel spalten", Ekzeme, rheumatische Schmerzen, Probleme mit der Blase … Sie erhofft sich Linderung durch „künstliche Hilfsmittel", wie sie es nennt. Manche Passagen erinnern geradezu an eine Arzneimittelliste; Etty merkt mit der Zeit selbst, dass sie manchmal zurückhaltender im Umgang mit den Medikamenten sein sollte.

Und auch wenn diese eine Linderung bewirken, entbinden sie einen nicht davon zu verstehen, wie man durch solche üblen Zeiten durchkommt … Es ist nicht zuletzt ihr Zyklus, der ihr so zu schaffen macht und ihre Befindlichkeit nachhaltig bestimmt: „Interessant, der Zusammenhang zwischen gewissen Stimmungen und der Menstruation … Es ist eine mysteriöse Sache um die Wechselwirkung zwischen Körper und Seele" (DDH 68f). „Wenn ich meine Stimmung von gestern Abend beschreiben will, dann sollte ich erst ganz ehrlich und sachlich eingestehen: Es war am Tag vor meiner Menstruation, und dann bin ich nur halb zurechnungsfähig … Dann ist alles in mir in Aufruhr und Bewegung. Mich überkommt eine gewisse Zerstreutheit und Nachlässigkeit, manchmal sogar Leichtsinn, die keine andere Ursache haben als den weiblichen, bei mir leider dreiwöchentlichen Prozess südlich des Zwerchfells" (DDH 113).

Dass ihr spiritueller Weg sie dazu führt, ihre körperliche Befindlichkeit und ihre Sexualität bewusster wahrzunehmen und anzuerkennen, das ehrt Etty, und es ist etwas so Seltenes, dass es ausdrücklich erwähnt zu werden verdient.

Etty beobachtet, wie sehr sich ihr physisches Unwohlsein auf ihr ganzes Wesen auswirkt. Alle verfügbaren Energien sind nötig, um mit den Beschwerden oder Schmerzen fertig zu werden. Wie sehr würden wir uns wünschen, von den gesundheitlichen Schwankungen, von diesem körperlichen Auf und Ab unabhängiger zu sein, das so viele Kräfte verschlingt und unsere Launen bestimmt … Doch da ist oft nichts zu machen, wie Etty zur Genüge erfahren hat. Ihr Beispiel zeigt, dass sich das innere Leben nicht abseits und unabhängig vom „organischen“ Leben abspielt. Das eine wirkt sich oft subtil auf das andere aus. Manchmal wird man mit Etty sagen können: „Es ist nicht dein Körper, sondern deine schlecht behandelte Seele, die verrückt spielt!“ Der Körper ist auch eine Art Sammelbecken: Er fängt auf, er spiegelt wider, er „behält“, auch in dem Sinne, dass er nicht so leicht vergisst … Er „verkörpert“, wenn man so sagen kann, für unser geistig-spirituelles Leben den gesunden Menschenverstand, indem er uns mit der Realität konfrontiert, unabhängig von dem, was wir uns in Gedanken zurechtlegen mögen. Auf seine Weise kann er uns weitaus mehr lehren, als wir es ihm gewöhnlich zugestehen. Etty hat versucht, seine Signale zu verstehen.

Zwar blieb ihre Gesundheit wenig stabil, was sie nicht verschweigt, doch hat sie mit der Zeit gelernt, sich nicht zu lange dabei aufzuhalten und die Unpässlichkeiten nicht zu verabsolutieren. Sie weiß, dass es „Tage ohne … [Probleme]“ und „Tage mit …“ gibt – und kein Allheilmittel für letztere. Geistige Tröstungen helfen wenig, wenn man wie gerädert, wenn man krank oder geschwächt ist. Es bleibt einem oft nur, dies in Geduld zu ertragen – und ein Quäntchen Zuversicht aus der Tatsache abzuleiten, dass man ähnliche Situationen schon öfter überstanden hat. Das ist oft das Beste, was man tun kann …

„Ich habe mir fest vorgenommen, nicht mehr über meine Gesundheit zu schreiben; das ist Papierverschwendung!", schrieb Etty im Juli 1942. Wir können ihr dankbar sein, dass sie diesem Vorsatz nicht treu geblieben ist; denn so haben wir einen lebendigen Einblick, wie sie sich der großen, ständigen Aufgabe gestellt hat, „sich mit sich selbst zu vertragen". Mehr noch: Sie hat uns vorgelebt, wie unser Leib, so sehr er uns auch zu schaffen macht, ein Weg zu Gott und ein Weg Gottes zu uns sein kann.

Im Oktober 1942 muss sie das Bett hüten und liegt geschwächt zu Hause in der Gabriel-Metsu-Straße Nummer 6; es fällt ihr schwer, nicht in das angsterfüllte „Gewimmel" von Westerbork zurückkehren zu können. Sie möchte den Himmel bestürmen, ihr endlich eine spürbare Verbesserung ihrer Lage zu gewähren: Das wäre für sie „grünes Licht" von oben, wieder aufzubrechen. Doch Etty weiß, dass man mit Gott nicht wie mit einem Teppichverkäufer verhandeln kann. Wenn sie so tut, als wollte sie mit ihm Geschäfte machen, so ist das ein Versuch, die eigene Ungeduld zu zügeln und damit klar zu kommen, dass sich alles so lange hinzieht. Die Realität passt sich halt nicht ihren Wünschen an, und was noch schwerer wiegt: Etty ist offenkundig einem sich zuschnürenden Schicksal ausgeliefert, das alle Pläne zunichte macht.

Dieses Ohnmachtsgefühl wird für Etty zum Impuls, eine ganz bestimmte innere Haltung einzunehmen. Sie steht vor der Alternative, das Schicksal herauszufordern, indem sie trotz ihrer Schwäche sogleich nach Westerbork fährt, oder ihre Lage anzunehmen und das zu tun, was im Augenblick zu tun ist. Doch wenn sie notgedrungen in Amsterdam bliebe, könnte man da überhaupt von einer freien Entscheidung sprechen? Jedenfalls ist es mehr als eine Kapitulation, wenn man bewusst annimmt, was offenkundig nicht zu ändern ist. Wir sprachen bereits davon: Oft ist das bewusste Ja der einzige Weg, die Notwendigkeit in einen Akt der Freiheit zu verwandeln. Genau diesen Schritt vollzieht Etty; sie ist zum Bleiben genötigt und findet dabei doch den Frieden.

Ich würde so gern ... Eigentlich möchte ich ... Ach könnte ich doch ...! Wie viele Wünsche verlaufen im Sande, wie vieles lässt sich nur schwer oder gar nicht realisieren ... Doch durch eine bewusst gewählte „Ergebung" können sich auch unsere Wünsche wandeln. Gewiss, es bleibt dabei: Wir werden durch die Lebenswirklichkeit

„geschliffen", unser Wünschen und Sehnen wird beschnitten, und auch unser Körper zeigt uns, wie begrenzt wir sind. Etty ist es gelungen zu akzeptieren, dass so manches anders lief, als sie es gewollt hätte. Sie ist sanfter geworden: „Ich weiß, dass alles langsam wachsen muss ...", notiert sie. Sie spielt mit, lässt sich ein auf diesen „langwierigen Prozess". Es ist ein innerer Reifungsprozess, hin zu einem unbedingten Ja, dessen Tragweite sie nicht erfassen kann: „Nicht mein, sondern dein Wille geschehe."

## ZUR REFLEXION

Was will mein Körper mir heute sagen? Gibt es Signale, die ich bisher überhört habe? Gibt es Dinge, zu denen ich in einer bewussten, freien Zustimmung vor Gott mein Ja geben kann?

# XIII – Eine Wohnung für dich suchen

„Wie groß ist doch die innere Not deiner Geschöpfe auf dieser Erde, mein Gott. Ich danke dir, dass du so viele Menschen mit ihren inneren Nöten zu mir kommen lässt. Sie sitzen ruhig und arglos da, sie reden mit mir, und plötzlich bricht ihre nackte Not heraus. Und auf einmal sitzt da ein verzweifeltes Häufchen Mensch und weiß nicht, wie es weiterleben soll. Und da fangen die Schwierigkeiten für mich erst an.

Es genügt nicht, nur von dir zu predigen, mein Gott, man muss dich in den Herzen der anderen erst zutage fördern. Man muss den Weg zu dir im anderen freilegen, mein Gott, und dazu muss man das menschliche Gemüt genau kennen ...

Ich danke dir, dass du mir die Gabe verliehen hast, in anderen Menschen lesen zu können. Manchmal kommen mir die Menschen vor wie Häuser mit offen stehenden Türen. Ich gehe hinein, sehe mich in den Gängen und Zimmern um; jedes Haus ist ein wenig anders eingerichtet und doch gleichen sie einander. Man sollte aus jedem Haus eine Wohnung machen, die dir geweiht ist, mein Gott. Und ich verspreche dir, dass ich in so vielen Häusern wie möglich eine Wohnung und Unterkunft für dich suchen werde, mein Gott. Das ist eigentlich ein lustiges Bild: Ich gehe einen Weg entlang und suche nach einer Unterkunft für dich. Es gibt so viele leer stehende Häuser, in denen ich dich als Ehrengast unterbringe. Verzeih mir dieses nicht allzu geistreiche Bild" (DDH 176).

„Wie groß ist doch die innere Not deiner Geschöpfe!", entfährt es Etty. Sie blickt in lauter verstörte, bleiche Gesichter ... Wie leer stehende Häuser kommen ihr die Menschen vor. Hinter der Fassade: gähnende Leere. Bitter nötig wäre eine „Präsenz", jemand, der da ist, der das Haus bewohnt, belebt, beseelt ...

Jede dieser „Wohnungen" zu einem heiligen Ort zu machen, wo Gott als Ehrengast willkommen ist, das ist Ettys geheimer Wunsch. Ein ergreifendes Bild. Wie ist sie darauf gekommen? Wie hat sie versucht, diesen Wunsch umzusetzen?

Im Lager Westerbork wurde die baldige Abfahrt eines weiteren Deportationszugs angekündigt. Um elf Uhr sollte sich der Zug in Bewegung setzen; man begann mit der „Verladung" von Menschen und Tornistern auf dem „Boulevard des Misères", der Hauptstraße im Lager, die zu den Gleisen führte. Etty eilte hierhin und dorthin, um in dem gespenstischen Licht des Lagers den schreienden, weinenden Menschen ein letztes Zeichen der Verbundenheit oder ein gutes Wort mit auf den Weg zu geben. Ihr Blick fällt auf einen Kollegen mit aschfahlem, geflecktem Gesicht, der bei seiner sterbenden Mutter kniet, die Gift genommen hat. Sie versucht zur Stelle zu sein, wo die Verzweiflung zu groß ist, als dass ein Mensch sie alleine tragen könnte …

Nicht nur die Opfer ziehen ihren Blick auf sich. Da sind auch die Henker, die Peiniger, diejenigen, die Befehle erteilen, und jene, die sie ausführen. Hinter einem Barackenfenster beobachtet sie, eines nach dem anderen, die Gesichter der Wachsoldaten in grüner Uniform: „Mein Gott, diese Gesichter! Niemals hat mich etwas so entsetzt wie diese Gesichter!" Zuinnerst getroffen von den kalten, unmenschlichen Blicken derer, die entweder nicht wissen, was sie tun, oder es sehr wohl wissen, sucht sie Zuflucht bei jenem Leitwort, das für sie zu einer Quelle und zum festen Halt geworden ist: „Und Gott schuf den Menschen nach seinem Bild." – Sie gesteht: „Ja, dieses Wort hat es schwer gehabt in mir an diesem Vormittag" (VB 323). Inmitten dieser Hölle, in der sie abgrundtiefe Verzweiflung und unfassbares Elend miterlebt, ist es der Gedanke an das „entstellte Bild", der sie weitergehen lässt. Sein Bild, so verunstaltet … Dieser Gedanke berührt sie im Innersten. Und sie begreift ihre „Mission", ihre Berufung, Gott in den Menschen zutage zu fördern, ihm eine Wohnung zu besorgen in all diesen kaputten, heruntergekommenen Herzen …

Etty hat bemerkt, dass sie eine besondere Gabe besitzt, x-beliebige Menschen innerlich zu begleiten. „Ich kann im Herzen aller Bedrängten lesen, die ich unterwegs treffe", stellt sie fest. Der Ort, wo tiefe, wesentliche Begegnungen möglich werden, ist ihre eigene innere Tiefe. In dieser Tiefe, in der sie zu sich selbst gefunden hat und findet, werden ihr auch die anderen vertraut. Die „Gabe", die sie bei sich wahrnimmt, ist somit eng mit ihrer inzwischen mehrmonatigen inneren Arbeit verbunden.

Etty merkt, dass sie diese Gabe entwickeln muss. Um den vielen leidenden Menschen in ihrer Umgebung so zu begegnen, wie sie es wirklich brauchen, ist nicht zuletzt ein feines Hinhören vonnöten. Sie weiß:

„Man kennt das Leben eines anderen Menschen nicht, wenn man nur die äußeren Umstände kennt. Um das Leben eines anderen zu kennen, muss man seine Träume kennen, sein Verhältnis zu seinen Verwandten, seine Stimmungen, seine Enttäuschungen, seine Krankheit und seinen Tod" (DDH 93).

Zu gern wüsste sie, was der andere fühlt, was ihn bewegt, wie er zu dem geworden ist, als der er sich präsentiert. Als sie jemanden von der Gestapo wie besessen herumbrüllen und -toben sieht, verspürt sie das brennende Verlangen, ihn zu fragen: „Hast du eine so schlimme Kindheit gehabt oder ist deine Verlobte mit einem anderen durchgebrannt?" Am liebsten hätte sie für ihn gleich eine psychotherapeutische Behandlung in die Wege geleitet. In einem anderen Fall denkt sie bei sich: „Ich möchte den Mann bei seinen Ängsten packen, die Quelle seiner Angst in ihm aufspüren, ich möchte eine Art Treibjagd auf ihn veranstalten und ihn in seinen eigenen inneren Bereich treiben …" (DDH 184).

Die inneren Nöte der anderen erfassen, das ist eine erste Dimension des eingangs zitierten Textes; doch es gibt noch eine weitere, die sich in Begriffen verbirgt wie: *Häuser mit offen stehenden Türen, Gänge und Zimmer, eine gottgeweihte Wohnung, Unterkunft …* Fünf Mal in wenigen Zeilen findet sich die Formulierung: *Mein Gott …* Hier spricht nicht nur ein besonders einfühlsamer Mensch: Die Art und Weise, wie Etty an die Not und das Leid ihrer Mitmenschen herangeht, hat noch tiefere Wurzeln.

Schon früh ist in ihren Notizen von der Entdeckung eines Schatzes die Rede, den sie immer bei sich haben möchte – in einer von Not und Leid geprägten Zeit, in der andere bemüht sind, materielle Werte in Sicherheit zu bringen: „Überallhin Gott mitnehmen, unversehrt und gut geschützt", das ist ihre Sorge. Für ihn inmitten dieser Not ein gastliches Haus zu sein, darauf kommt es ihr an – nicht auf ein idyllisches, trautes Beisammensein mit Gott, etwa in der geschützten Atmosphäre geistlicher Exerzitien …

Das also ist ihre erste Sorge, und es drängt sie, für Gott auch in den anderen Menschen eine Bleibe zu suchen, gerade da, wo der dichte Nebel der Not oder der Unmenschlichkeit seine Präsenz verbirgt.

Etty möchte sich lösen von den vorschnellen Bildern, die wir Menschen uns spontan von anderen Menschen machen und die nicht selten zu handfesten Vorurteilen führen. Sie nimmt sich vor, tiefer und weiter zu sehen, um zu erkennen, was an Schönem in jedem steckt und aus jedem werden könnte. Sie möchte für jeden so offen sein, dass sich in ihm ein Weg der Öffnung für Gott auftun könnte, so wie es ihr selbst widerfahren ist: In ihr ist eine sprudelnde Quelle, eine leise Kraft, die sie nach innen und über sich selbst hinaus zieht und so die immer neuen Prüfungen bestehen lässt – warum sollte es nicht auch in den anderen so sein?

Der Versuch, in Menschen, die mit Gott nichts anzufangen wissen, einen Weg für ihn zu bahnen, ist oft nicht gerade Erfolg versprechend. Man muss sich auf Enttäuschungen, ja auch auf die Versuchung aufzugeben gefasst machen. Auch Etty hat das erlebt, aber sie hat nicht aufgehört, diejenigen, denen sie begegnete, zu begleiten, stets auf der Suche nach einem „Gastzimmer" für ihren Gott.

Eine weitere Erkenntnis, die noch einmal tiefer führt, deutet sich ganz vorsichtig auf jener Karte an, die sie durch einen Schlitz aus dem Waggon des Deportationszuges geworfen hat. Es ist ein schnell hingekritzelter Satz aus der an zufälliger Stelle aufgeschlagenen Bibel:

„Der Herr ist meine Kammer."

Der Herr zeigt sich ihr, wie er sich König David gezeigt hat, als dieser ihm in Jerusalem ein Haus bauen wollte (2 Samuel 7,5–11). Ähnlich wie der Herr dem David antwortete, gibt er jetzt Etty zu verstehen: „Du versuchst, mir ein Haus in den Herzen der Menschen zu bauen. Lass mich dir sagen: *Ich* bin es, der damit beschäftigt ist, für dich ein Haus zu errichten … Ich bin deine Wohnung, deine Zuflucht, dein rettender Hafen, dein Ankerplatz, mehr noch: jener Ort innigsten Austauschs und vertrauter Gemeinschaft, nach dem du dich so sehr gesehnt hast!"

Sie, die sich derart bemüht hatte, Gott zu beherbergen und eine Wohnung für ihn zu suchen, entdeckt schließlich, dass ihre Herberge, ihre Wohnung in ihm liegt.

## ZUR REFLEXION

Etty schrieb: „Ich werde eine Wohnung für dich suchen in so vielen Häusern wie möglich“ (VB 208). Was fast wie eine Resolution klingt, ist für sie ein Gebet. Es ist keine bloße Willensbekundung, wenn sie sagt: „Ich verspreche es dir …“ Da spricht keine Handelsvertreterin, sondern eine Frau, die zu ihrem innersten Geheimnis „erwacht“ ist: Gott in ihr sucht Gott im anderen.

Tagsüber begegnen mir viele Gesichter. Es ist ein weiter Weg von einem „Kontakt“ zu einer „Begegnung“, die den Namen verdient. Was kann ich dazutun, dass mein Herz bereit ist, anderen Menschen wirklich zu begegnen?

*Auf Ettys letzter, aus dem Waggon des Deportationszugs nach Auschwitz geworfener Karte stand auf der Vorderseite:*

Ich schlage die Bibel aufs Geratewohl auf und finde dies: „Der Herr ist meine Kammer." Ich sitze auf meinem Rucksack mitten in einem vollen Güterwagen. Vater, Mutter und Mischa sind einige Waggons weiter. Die Abfahrt kam doch noch ohne Vorwarnung. Plötzlicher Befehl aus Den Haag, speziell für uns. Wir haben das Lager singend verlassen, Vater und Mutter sehr gefasst und ruhig, Mischa auch.

*Und auf der Rückseite:*

Wir werden drei Tage unterwegs sein. Euch allen danke für all Eure Hilfe. Die im Lager zurückgebliebenen Freunde schreiben noch nach Amsterdam. Vielleicht kannst Du etwas erfahren? Vielleicht auch von meinem letzten langen Brief? Auf Wiedersehen von uns vieren! Etty

# XIV – Von der Liebe zum Schreiben zum „Schreiben der Liebe"

„Heute Mittag mit Glassner japanische Bilder betrachtet. Und auf einmal wusste ich wieder: So will ich schreiben. Mit so viel Raum um ein paar Wörter. Ich hasse es, viele Worte zu machen. Ich will nur Wörter schreiben, die sich organisch in ein großes Schweigen fügen, und nicht Wörter, die nur dazu bestimmt sind, das Schweigen zu übertönen und zu zerstören. Die Wörter müssen eigentlich das Schweigen hervorheben. Wie auf dem einen japanischen Bild mit dem Blumenzweig in der unteren Ecke. Ein paar weiche Pinselstriche – aber welche Wiedergabe der kleinsten Einzelheit – und rings herum der große Raum, der aber keine Leere ist; sagen wir also lieber: ein beseelter Raum. Ich hasse die Anhäufung von Wörtern. Man kann die paar großen Dinge, um die es im Leben geht, mit nur wenigen Wörtern sagen. Wenn ich jemals schreiben werde – was eigentlich? –, möchte ich einzelne Wörter vor einem wortlosen Hintergrund aufzeichnen" (DDH 106).

*Am 26. Mai 1942 notierte Etty:*

„Als ich spätabends durch die laue Nacht nach Hause ging, so leicht und betäubt vom italienischen Chianti, war auf einmal die Gewissheit wieder da, die jetzt, seit ich den Federhalter in den Fingern habe, wieder völlig verschwunden ist: dass ich später einmal schreiben werde" (DDH 102).

Geschrieben hat Etty viel und regelmäßig seit jenem 8. März 1941, an dem sie die ersten Wörter in ihrem Tagebuch notierte. Mit der Zeit erkannte sie, wie gut ihr das tat: Diese „Methode", Gedanken und Reflexionen in die vorgezeichneten blauen Linien eines Heftes hineinzuschreiben, half ihr, mit sich und ihrem Gott ins Gespräch zu kommen. Literarische Ambitionen hatte sie nicht; ihr ging es darum, in ihrem gestaltlosen Chaos ein klareres Bild von sich zu gewinnen und die Konturen ihrer selbst deutlicher herauszuarbeiten.

Während sie so mehr und mehr zu sich selbst findet, verspürt sie zugleich eine Art „Verpflichtung" ihrem „schöpferischen Talent" gegenüber. Schreiben in der Treue zu dem Besten, was sie in sich trägt, das wird für sie geradezu zu einer Mission. Tastend sucht sie einen Weg, diesem inneren Bedürfnis nachzukommen. Sie schreibt: „O Gott, nimm mich in deine große Hand und mach mich zu deinem Werkzeug, lass mich schreiben … Ich weiß nicht, wie es mit dem ‚Schreiben' bei mir weitergehen soll. Dazu ist alles noch zu chaotisch, Selbstvertrauen ist auch keines da, oder besser gesagt, die zwingende Notwendigkeit, etwas aussagen zu müssen" (DDH 40). Etty spürt, dass sie es nicht bei irgendwelchen täglichen Notizen belassen darf, wenn sie ihrer Begabung Rechnung tragen möchte, aber sie weiß nicht, wie sie es angehen soll. „Ich verteile mich und teile mich auf unter den vielen Neigungen und Eindrücken und Menschen und Regungen, die auf mich zukommen ... Es genügt nicht mehr, alles nur zu erleben. Es muss noch etwas mehr hinzukommen" (DDH 194).

Wer ihre Texte liest, findet hinter den Worten ein tieferes Bedürfnis: „Eigentlich" will sie noch anderes schreiben, etwas, das sie niemals in Worte fassen wird ...

Hier und da hatte sie ins Auge gefasst, irgendwann vielleicht einmal Novellen, Romane, Chroniken oder Märchen zu schreiben, aber sie hat sich in keiner dieser literarischen Gattungen jemals versucht. Es ist merkwürdig: Was Etty nicht für eine spätere Veröffentlichung geschrieben hat, ihr Tagebuch, das ist bekannt geworden, während das, was sie hätte schreiben wollen, nie zustande gekommen ist. Die französische Romanautorin Sylvie Germain sagte darüber einmal treffend: „Die geplanten Erzählungen sind in der Tinte hängen geblieben, sie sind hinabgeglitten in den Stoff, aus dem die Tage werden ..., und in diesem inspirierten Raum hat sie das Werk innerlich seiner Verwirklichung entgegengeführt."

Worin liegt diese „Realisierung" ganz eigener Art? Hier müssen wir etwas weiter ausholen und bedenken, dass sich ein Mysterium weniger durch Erklärungen erschließt als vielmehr in der kontemplativen Schau. Ein paar Wörter können uns dabei bestenfalls helfen …

Etty ist das Schreiben ein inneres Bedürfnis. Sie braucht es regelmäßig, um sich ihrer selbst klar zu werden. Die Vorstellung, eines Tages weder Papier noch Stifte zu haben, kostet sie. Doch angesichts der immer dramatischeren Entwicklung ahnt sie, dass alle Pläne zu schreiben im Keim erstickt werden würden. Keine zwei Monate vor ihrer Deportation notiert sie:

„Es kann sein, dass ich nicht die große Künstlerin werde, die ich sein möchte ..."

Diese Feststellung war nicht allein durch den tragischen Fortgang der Ereignisse bedingt, der natürlich auch hineinspielte: Für sie selbst hat eine neue Etappe begonnen; es ist, als habe sie in einem inneren Reifungsprozess etwas erfasst, was alles andere bei Weitem übersteigt. Selbst ihre liebsten Pläne wie der Wunsch zu schreiben verblassen, werden absorbiert von einer Entdeckung, die sprachlich nicht mehr zu fassen ist. Ihre schöpferische Kraft fließt nun ein in den Austausch mit dem „inneren Gast", in ein zärtliches Gespräch von Herz zu Herz. Immer wieder kommt ihr dieses eine Wort in den Sinn, das uns zeigt, wie alles in ihr zur Einheit und in einem einzigen Aufschwung zu größter Einfachheit findet: „Gott".

„Ich möchte zwar manchmal kleine Weisheiten und vibrierende kleine Geschichten in Worte prägen, aber ich komme immer wieder bald auf ein und dasselbe Wort zurück: Gott; darin ist alles enthalten, und dann brauche ich all das andere nicht mehr zu sagen. Und meine ganze schöpferische Kraft setzt sich um in die inneren Zwiegespräche mit dir …" (DDH 216f).

Es ist paradox und zugleich von einer eigentümlichen Schönheit. Das Schreiben hat Etty immer viel bedeutet; es war für sie ein Weg, sich dynamisch nach vorne auszurichten und schöpferisch tätig zu sein. Und diesen Wunsch hat sie nie geopfert: Solange wir ihren Weg mitverfolgen können, hat sie geschrieben. Aus Westerbork schickte sie ihr nahestehenden Menschen ergreifende Briefe, die uns Einblick in eine alle Vorstellungskraft übersteigende Realität vermitteln. Und noch die letzte, aus dem Deportationszug geworfene Karte bezeugt ihren Wunsch zu kommunizieren – bis zuletzt.

Immer deutlicher wird dabei die Tiefendimension dieses Verlangens. Sie „muss" schreiben – und sie kommt immer wieder „auf ein und dasselbe Wort zurück: Gott; darin ist alles enthalten, und dann brauche ich all das andere nicht mehr zu sagen". Am Ende hat sie mit der „Tinte ihres Lebens" geschrieben, in Rot und Weiß, im Schweigen des Todes in Auschwitz. Sie ist nunmehr eingetreten in eine Dimension, die sich nicht mehr greifen lässt, zu der nur noch die Liebe Zugang hat.

Als Etty wie erwähnt eines Tages japanische Bilder betrachtete, war sie unmittelbar berührt von dieser Reduktion auf das Nötigste: „So will ich schreiben. Mit so viel Raum um ein paar Wörter." Was sie geschrieben hatte, war vier Jahrzehnte lang verborgen wie ein kostbares Juwel. Der Zufall wollte es, dass ihre Aufzeichnungen ans Licht kamen und uns, für die sie gar nicht bestimmt waren, erreicht haben. „Wenn ich jemals schreiben werde ..., möchte ich einzelne Wörter vor einem wortlosen Hintergrund aufzeichnen." Anders, als Etty es sich je hätte vorstellen können, ging ihr Wunsch in Erfüllung: Ihre Worte leuchten – aus einem großen Schweigen heraus ...

## ZUR REFLEXION

Habe ich einen tiefen persönlichen Wunsch, der sich nicht erfüllt oder der sich zumindest auf den ersten Blick nicht so zu erfüllen scheint, wie ich es immer erhofft habe?

Vermag ich Gott um ein solches Vertrauen und eine solche innere Freiheit zu bitten, dass ich mit der gleichen Entschiedenheit sagen kann: „Ich möchte ...!" *und*: „Vielleicht realisiert es sich nie ..."?

# XV – Ununterbrochene Zwiesprache

„Gott, nimm mich an deine Hand, ich gehe brav mit, ohne mich allzu sehr zu sträuben. Ich werde mich nicht entziehen; was in diesem Leben auch auf mich einstürmen mag, werde ich nach besten Kräften verarbeiten. Aber schenke mir ab und zu einen kurzen Augenblick der Ruhe. Ich werde auch nicht mehr in aller Einfalt glauben, dass der Friede, falls er über mich kommt, ewig sei; ich nehme auch die Unruhe und den Kampf auf mich, die wieder danach kommen. Ich bin gern in Wärme und Sicherheit, aber ich werde mich auch nicht weigern, in die Kälte zu gehen, wenn nur deine Hand mich führt. Ich gehe überall mit an deiner Hand und will versuchen, nicht ängstlich zu sein. Ich werde versuchen, etwas von der Liebe, der echten Menschenliebe, die in mir ist, auszustrahlen, wo ich auch sein werde ... Ich will nichts Besonderes sein, ich will nur versuchen, zu der zu werden, die in mir noch nach völliger Entfaltung sucht" (DDH 71).

„Du hast mich so reich gemacht, mein Gott, lass mich auch mit vollen Händen davon austeilen. Mein Leben ist zu einem ununterbrochenen Zwiegespräch mit dir, mein Gott, geworden, zu einem einzigen großen Zwiegespräch" (DDH 216, Brief).

„Gott, nimm mich an deine Hand, ich gehe brav mit, ohne mich allzu sehr zu sträuben … Was in diesem Leben auch auf mich einstürmen mag, werde ich nach besten Kräften verarbeiten.“ Nur Worte, die aus der Tiefe unseres Wesens kommen, haben diese antizipatorische Kraft.

„Ich gehe brav mit …
Ich gehe überall mit …“

Ein Versprechen. Ein Pakt, besiegelt im Innersten ihres Herzens, wo Gott auf geheimnisvolle Weise Einzug gehalten hat. „Leg mich wie ein Siegel auf dein Herz, wie ein Siegel an deinen Arm“, spricht die Geliebte im Hohenlied (8,6). Selbst die Unterwelt ist machtlos gegen eine solche Liebe: Was immer sie unternimmt, sie fände die beiden nur umso enger umschlungen.

Lager Westerbork, 7. November 1943. Etty ist wieder auf dem „Boulevard“, der Hauptstraße, die zu den Gleisen führt, wo die Deportationszüge abfahren. Zwei Wochen zuvor hat sie die Straße in ihrem Tagebuch in ihrem unnachahmlichen Stil beschrieben. Sie spricht mit den Leuten, plaudert, lacht, hat ein gutes Wort für jeden, dem sie begegnet. Sie verbreitet trotz allem gute Laune, der wohl auch ein wenig Melancholie beigemischt ist. Es ist die Etty, wie ihre Nächsten sie kennengelernt haben. Da trifft sie die plötzliche Nachricht von ihrer unmittelbar bevorstehenden Deportation wie ein Schlag auf den Kopf: Sie ist völlig benommen. Und doch ist sie keine Stunde später wieder gefasst; unglaublich schnell gelingt es ihr, sich auf die neue Lage einzustellen.

Wir sind darüber detailliert informiert durch die Schilderung von Jopie Vleeschhouwer (vgl. NG 712), einem ihrer Freunde in dieser Zeit. Ihm vertraut sie an, dass sie ihre letzten Hefte mitnehme. In den Viehwaggon, der sie an jenen Ort bringt, wo alle Worte ersterben, nimmt sie also ihre letzten Notizen mit: Was sie enthielten, wird auf immer ein Geheimnis bleiben. Doch vielleicht ist gerade dieses Schweigen, in das es gehüllt ist, eine Spur …

Das letzte äußere Zeichen, das wir von Etty haben, ist wie gesagt der Abschiedsgruß auf einer aus dem Zug geworfenen Karte …

Hilflos und benommen standen ihre zurückgebliebenen Freunde am Gleis. Jopie schrieb noch am selben Tag: „Wir fühlen uns wie verloren, aber wir haben nicht das Empfinden, mit leeren Händen dazustehen." Denn „eine Freundschaft wie die ihre geht nicht verloren". Auch ihre „Abreise" kann uns etwas sagen …

„Wir werden drei Tage unterwegs sein", hatte sie auf ihrer letzten Karte geschrieben. Stunden in der Enge des völlig überfüllten Waggons, Kälte, Fieber, Ängste, das Fehlen jeglicher Hygiene … – diese „Höllenzüge“ in Richtung Polen sprengen alles Vorstellungsvermögen.

Was wird Etty in den letzten elf Wochen ihres Lebens durchgemacht haben, zwischen dem 7. September und jenem 30. November 1943, dem Tag, an dem sie nach einer Mitteilung des Roten Kreuzes starb? Der Name „Auschwitz“ lässt uns etwas davon erahnen, diese beiden Silben, deren bloße Nennung die niederträchtigsten Schandtaten ins Gedächtnis ruft. Auschwitz-Birkenau war das größte Vernichtungslager der Nazis; bis zu 20 000 Männer, Frauen und Kinder wurden dort täglich verbrannt … Alle Superlative versagen angesichts der vorsätzlichen, systematischen Ermordung zahlloser Menschen (allein in den Lagern von Auschwitz fanden über eine Million Menschen den Tod). Hunger, Kälte, Epidemien, „medizinische Experimente“, Zwangsarbeit … – das Grauen ist nicht in Worte zu fassen. In den Gaskammern wurde menschliches Leben scharenweise ausgelöscht. Zahllose Einzelne, ein jeder mit seiner Lebensgeschichte, lauter unverwechselbare Gesichter, in den Fängen einer Vernichtungsmaschinerie, die die systematische Auslöschung vor allem des jüdischen Volkes umsetzt: die „Endlösung“, ein nie gekannter Völkermord – Wörter, die das Blut in den Adern gefrieren lassen.

Inmitten dieser Menge eine junge Frau, Esther Hillesum, 29 Jahre alt. Unbekannt und „königlich

lich" wie ihre Schwester gleichen Namens im Ersten Testament … Man kann ihren Namen durch eine Nummer ersetzen, man kann sie ihrer Aufzeichnungen und Bücher berauben, man kann ihre Gesundheit durch eine aufreibende Arbeit ruinieren, ihr durch Zynismus und Demütigungen ihr Lächeln nehmen, man kann ihre Lieben vernichten … – eines kann ihr nichts und niemand nehmen: jenen Schatz, den sie in sich trägt und den sie allmählich mit diesem Wort zu nennen lernte: *Gott*. Sie weiß, dass er bei ihr, ja in ihr ist – an jedem Ort der Erde, an den sie gebracht würde, so wie er in ungezählten Menschen um sie herum zugegen ist.

Wie mag Etty ihren Weg weitergegangen sein, als ihr nichts mehr blieb und ihr jede Stütze genommen war? Wir haben wie gesagt keine Zeugnisse darüber. Vielleicht weisen die Worte eines Dichters die Richtung, eines Mystikers, der erfahren hat, wie quälend es ist, wenn einem die Freiheit genommen wird. Johannes vom Kreuz schreibt [hier in einer Übertragung von Walter Repges]:

„Kein Halt – aber gehalten!
Kein Licht – aber das Leben
leb ich – ganz mich verzehrend.
Hinter mir lassend alles Geschaffne
find ich dort oben Leben, das schmeckt.
Halt gibt Gott nur allein.

Was soll ich sagen?
Wie es benennen,
was ich so schätze?
Kein Halt – aber gehalten!"

„Wer ist sie, die da heraufkommt aus der Wüste, auf ihren Geliebten gestützt?", singt der Chor im Hohenlied (vgl. 8,5). Ein Jahr vor ihrer Deportation, in einer Nacht im Oktober 1942, ging Etty schlagartig auf, dass ihr nichts mehr blieb, nur noch Gott und sie, allein. Sie notiert es gleich zweimal: „Gott und ich allein … Jetzt ganz allein mit ihm allein" (NG 577f).

Bald darauf wurde ihr tatsächlich alles genommen; ihr Glaube war dem Risiko des völligen Alleinseins ausgesetzt. In solch quälenden Stunden kann man sich nur wie ein Schilfrohr biegen, um nicht innerlich zu zerbrechen. Um nicht zu zerbrechen, obwohl man nichts spürt, nichts sieht, nichts mehr versteht.

„Kein Halt – aber gehalten!
Kein Licht – aber das Leben
leb ich – ganz mich verzehrend."

„Mein Leben ist zu einem ununterbrochenen Zwiegespräch mit dir, mein Gott, geworden, zu einem einzigen großen Zwiegespräch", schrieb Etty. Sie hat uns kostbare Einblicke gegeben in diese lange, facettenreiche Zwiesprache, ein zum

Gebet gewordenes Leben, ein Leben gewordenes Gebet. Es ist gut, dass die letzten Dinge, die sie einander gesagt haben, das Geheimnis von Etty und ihrem Gott bleiben.

»Ich habe meinen Körper
wie Brot gebrochen und ...
ausgeteilt.«

Etty Hillesum
13. Oktober 1942, letzte Seite ihres Tagebuchs

## Abkürzungen und Quellen

*DDH* = Das Denkende Herz. Die Tagebücher von Etty Hillesum 1941–1943, herausgegeben und eingeleitet von J. G. Gaarlandt; aus dem Niederländischen von Maria Csollány, veröffentlicht im Rowohlt Taschenbuch Verlag GmbH, Reinbek bei Hamburg, Juli 1985, 16. Auflage 2002. 

*Die Übersetzung wurde in dem vorliegenden Buch an einigen Stellen behutsam bearbeitet.*

*NG* = De Nagelaten Geschriften van Etty Hillesum 1941–1943, Balans, Amsterdam 2002.

*VB* = Etty Hillesum, Une vie bouleversée. Journal 1941–1943, suivi de Lettres de Westerbork, Seuil, Points, Paris 1995.

Bernd Aretz, BONHOEFFER
GEFANGEN UND FREI

Der Lebensweg und das Vermächtnis von Dietrich Bonhoeffer. Sichtbar wird ein Mensch und Theologe, der radikal nüchtern und tief gläubig seinen Weg ging; sichtbar wird auch, dass noch lange nicht eingeholt ist, was er über das Christsein heute zu sagen hat.
176 Seiten, geb., ISBN 978-3-7346-1095-0

Bernd Aretz, SOPHIE SCHOLL
EIN LEBENSBILD

Erst 21 Jahre alt, wurde Sophie Scholl als Mitglied der »Weißen Rose« 1943 hingerichtet. Was bewegte sie? Woraus schöpfte sie die Kraft, »mit unbeugsamem Geist und liebevollem Herzen« ihren Weg zu gehen?
Mit einem Geleitwort von Hans-Jochen Vogel.
160 Seiten, geb., ISBN 978-3-87996-987-6

Bernd Aretz, BONHOEFFER
GEFANGEN UND FREI

In zwanzig biografischen Abrissen werden Frauen und Männer vorgestellt, die vom NS-Regime verfolgt wurden; von den Bonhoeffer-Brüdern über Alfred Delp, Max Josef Metzger, Rupert Mayer und Anne Frank bis Engelmar Unzeitig. Fast alle von ihnen wurden ermordet. Jede Lebensgeschichte schließt mit einem Brief oder einer Aufzeichnung, die wie ein Vermächtnis wirken: Einblicke in ihr Innerstes, Zeugnisse von Mut, Wahrhaftigkeit und Hoffnung trotz allem.
200 Seiten, geb., ISBN 978-3-7346-1120-9